与你襄遇

主　编　朱　文　王启妍
副主编　冯海茹　王文谦
　　　　赵梦苑　王明辉
　　　　侯晓渊

南京大学出版社

图书在版编目(CIP)数据

与你襄遇 / 朱文，王启妍主编. -- 南京 ：南京大学出版社，2024.8. -- ISBN 978 - 7 - 305 - 28363 - 5

Ⅰ. G711

中国国家版本馆 CIP 数据核字第 2024WG7957 号

出版发行　南京大学出版社

社　　址　南京市汉口路 22 号　　　　邮　　编　210093

书　　名　与你襄遇
　　　　　YU NI XIANG YU

主　　编　朱　文　王启妍

责任编辑　武　坦　　　　　　　编辑热线　025 - 83592315

照　　排　南京开卷文化传媒有限公司

印　　刷　江苏凤凰通达印刷有限公司

开　　本　787 mm×1092 mm　1/16　印张 12　字数 277 千

版　　次　2024 年 8 月第 1 版　2024 年 8 月第 1 次印刷

ISBN 978 - 7 - 305 - 28363 - 5

定　　价　48.00 元

网　　址：http://www.njupco.com

官方微博：http://weibo.com/njupco

微信服务号：njuyuexue

销售咨询热线：(025)83594756

前言

　　习近平总书记在 2021 年首次提出"大思政课",指出"大思政课"要善用之。从 2021 年习近平总书记提出思政课要"在社会生活中来讲""跟现实结合起来",到 2022 年教育部等十部门印发的《全面推进"大思政课"建设的工作方案》(以下简称《方案》),要求改革创新主渠道教学,拓展课堂教学内容。《方案》不仅指出:"各地各校围绕新时代的伟大实践,充分挖掘地方红色文化、校史资源,将伟大建党精神和抗疫精神、科学家精神、载人航天精神等伟大精神,生动鲜活的实践成就,以及英雄模范的先进事迹等引入课堂,推动党的创新理论和历史融入各学段各门思政课",而且提出要"充分调动全社会力量和资源"。

　　襄阳市位于湖北省西北部,居汉水中游,秦岭大巴山余脉,著名的历史文化城市,是楚文化、汉文化、三国文化的发源地,已有 2800 多年历史。历代为经济军事要地,素有"华夏第一城池、铁打的襄阳、兵家必争之地"之称。其特色资源主要包括自然生态、传统文化和产业发展等方面。可见,将产业襄阳、"襄"飘天下、薪火"襄"传、侠义襄阳、诗画襄阳、科教襄阳、"襄"土难舍、"绿满襄阳"、文旅襄阳、非遗襄阳等地方特色资源转化融入"大思政课"教学,既面临新的机遇,也面临更高的要求。调查和文献研究结果显示,襄阳市目前特色资源课程领域存在空白,只有零散评论,大多数聚焦于自然资源、文化资源和社会资源,如红土资源、陶瓷文化资源以及当地传统乡风文明等。通过对实证研究的数据分析发现,襄阳历史文化资源、时代发展资源、社会实践资源、行业前沿资源等一切特色地方资源不仅仅能回答好"是什么"问题,更重要的是能回答其背后的"为什么",从而增进学生对"是什么"的清醒认知。在坚持问题导向的基础上,带领学生逐层剖析相关理论、清晰揭示内在机理、规范阐释实践成果及发展经验，在学生全面发展中发挥重要作用，使学生能够更加深入地了解襄阳的特色资源，增长见识，培养爱国情怀，提升综合素质。基于上述考虑，我们在多年"大思政课"教学改革创新的基础上，组织编写了这本《与你襄遇》教材。

本书由朱文、王启妍、冯海茹、王文谦、赵梦苑、王明辉、侯晓渊共同编写。其中，朱文、王启妍负责选题策划、拟定提纲、组织编写及文字统稿等。

本书资料充分运用客观资源和事实材料，借鉴国家权威机构和专家的最新成果。在编写过程中，参考和借鉴了互联网、报纸杂志以及相关书籍的大量资料，限于篇幅不能逐一标明，在此特向原作者表示衷心感谢！同时，本书在编写过程中也有幸得到相关专家的悉心指导和帮助，在此一并表示深深的感谢！

本书可供高等学校校本特色课程教学使用，也可作为高等学校学生思政课学习资料。受编者研究能力、学术水平及编写时间所限，书中难免有疏漏之处，敬请广大师生、同仁不吝赐教。

编 者

2024 年 6 月

目录

"襄"当精彩

汉水熊如海,荆山秀似醮。几千年倏忽而过,这位从2800年历史中走来的窈窕淑女,依旧在新时代闪耀着她的魅力。她,一座不只是"三顾"的城市——襄阳:一顾惊艳,沉醉于"一江碧水穿城过,十里青山半入城"之独特;再顾倾心,艳羡于"刘秀孔明功四海,孟诗米字誉千年"之厚重;三顾忘返,留恋于"人间烟火气,最是抚人心"之安康……站在新的历史起点上,这座城市秉持开放包容、创新发展的理念,不断提升城市品质和文化内涵,打造具有国际影响力的历史文化名城和现代化大都市。我们相信,在未来的日子里,"襄"当精彩将展现在世人面前,成为更多人向往的旅游胜地和宜居家园。

第一节　地方资源转化内涵:"大思政课"建设的常青树

"大思政课"强调将广阔天地间的丰富社会资源最大限度地转化为课程育人资源。其中,做好地方特色资源向思政课教学资源的转化是"大思政课"建设的常青树。因此,新时代全面推进思政课特色课程改革创新,必须聚焦转化这一关键环节。加强襄阳地方特色课程资源建设,这是思政小课堂与社会大课堂融合互动、相得益彰的必由之路。

一、特色资源充沛,孕育"一枝一叶总关情"的情怀

列宁在论及理论鼓动宣传时指出:"要善于用通俗易懂的语言,并且能够借助于日常生活中他们所知道的事实。"[1]这也就是说,要以学生"生动的实际生活""现实的确切事实"[2]为基础创新思政课教学,如此才能使学生对深奥的理论有更直接的认知

---

[1]　列宁全集,第4卷[M].北京:人民出版社,1984:277.
[2]　列宁选集,第3卷[M].北京:人民出版社,2012:26.

感受。马克思指出："理论只要彻底，就能说服人"，"所谓彻底，就是抓住事物的根本"。①

襄阳市位于湖北省西北部，居汉水中游，秦岭大巴山余脉，地跨东经 110°45′～113°06′，北纬 31°13′～32°37′，"北通汝洛，西带秦蜀，南遮湖广，东瞰吴越"。襄阳是著名的历史文化城市，是楚文化、汉文化、三国文化的发源地，历代为经济军事要地，素有"华夏第一城池、铁打的襄阳、兵家必争之地"之称。因地处襄水之阳而得名，南北朝时期地理学家郦道元在《水经注·沔水》中记载："城在襄水之阳，故曰襄阳也。"汉水穿城而过，分出南北两岸的襄阳、樊城，隔江相望。1949 年以后两城合二为一称襄樊市，1983 年襄阳地区并入地级襄樊市，2010 年 12 月襄樊市更名为襄阳市。辖 3 个区（襄州、襄城、樊城）、3 个县级市（枣阳、宜城、老河口）、3 个县（南漳、保康、谷城）和 3 个开发区（襄阳高新技术产业开发、襄阳经济技术开发、襄阳鱼梁洲经济开发区），总面积 1.97 万平方千米。

其特色资源主要包括自然生态、传统文化和产业发展等方面。调查和文献研究结果显示，襄阳市目前特色资源课程领域存在空白，只有零散评论，大多数聚焦于自然资源、文化资源和社会资源，如红土资源、陶瓷文化资源以及当地传统乡风文明等。通过对实证研究的数据分析发现，襄阳历史文化资源、时代发展资源、社会实践资源、行业前沿资源等一切特色地方资源不仅仅能回答好"是什么"问题，更重要的是能回答其背后的"为什么"，从而增进学生对"是什么"的清醒认知。在坚持问题导向的基础上，带领学生逐层剖析相关理论、清晰揭示内在机理、规范阐释实践成果及发展经验，在学生全面发展中发挥重要作用，使学生能够更加深入地了解襄阳的特色资源，增长见识，培养爱国情怀，提升综合素质。

二、区域发展突出，孕育"大雁高飞头雁领"的担当

2012 年，襄阳确立"北拓、东进、南优、西控"的城市总体布局，将发展重心调至城乡接合部，启动鱼梁洲和东津新区、庞公新区、樊西新区、襄州新区、襄南新区、隆中新区建设，拉开了襄阳城区由"C"字型向"O"字型转变、形成今日四方形城区框架的序幕。各区分工不同，有着相应的个性化、差异化发展道路，组成了"一心四城"的发展格局。

襄城区以历史文化为主线，打造全域旅游核心区、宜居生活样板区。樊城区以商贸物流为主线，打造中部地区具有引领力的消费中心、区域性市场枢纽主阵地。襄州区以争当中心城区新标杆、襄阳发展新亮点为主线，打造襄阳产业和功能提质重心。高新区以高新区、自贸区、综保区、跨境电商综试区叠加融合为主线，打造综合型强区。东津新区目标建成"汉江新都会、襄阳新中心"。各区分工明确，发展齐头并进，为襄阳取得"长红城市"中西部非省会地级市第一，内陆二、三线城市旅客净流入主要目的地第一等优异成绩贡献集体合力，为襄阳持续攀升汇聚源源不断的能量。

---

① 马克思恩格斯选集，第 1 卷［M］.北京：人民出版社，2012：10.

近年来,《中共中央国务院关于新时代推动中部地区高质量发展的意见》将襄阳定位为中部地区重点城市,经国务院批准的《汉江生态经济带发展规划》要求襄阳打造汉江流域中心城市,国家发改委发布的《"十四五"特殊类型地区振兴发展规划》明确重点支持襄阳建设省域副中心城市。省委要求襄阳打造中西部非省会龙头城市,省第十二次党代会提出,大力发展襄阳都市圈,支持襄阳打造引领汉江流域发展、辐射南襄盆地的省域副中心城市,建设联结中西部新通道的核心枢纽节点,辐射带动"襄十随神"城市群发展。南方周末城市(区域)研究中心《2022 理想之城榜》显示,襄阳位居中部地区非省会城市第 1 名,是全国 22 个正增长城市之一。《国家发展改革委等部门关于产业转型升级示范区建设 2022 年度评估结果及 2023 年重点工作的通知》明确,全国七个城市获评"2022 年度优秀产业转型升级示范区",襄阳是湖北省唯一获此殊荣的城市。2024 年,在湖北举办了第七届全国大学生艺术展演活动,而襄阳是具体承办城市,襄阳由此成为我国第一个举行全国大艺展的非省会地级市,也是中部地区首个迎接国家此类重大考验的城市。

根据《新京报"长红城市"榜 30 强(2024)》,襄阳以第 24 名的成绩,居中西部非省会地级市细分领域头部。如今,襄阳 GDP 连续 7 年名列湖北第 2,连续 12 年排名汉江流域同类第 1,蝉联中部地区非省会城市第 1,冲进中国非省会地级市第二方阵。接下来,襄阳将一如既往地围绕"引领、辐射、联结、带动"使命任务,化"追兵渐近、标兵渐远"危机为"甩远追兵、逼近标兵、争先创优"的契机,全面提升综合影响力和竞争力,因地制宜发展新质生产力,培育壮大新兴产业、谋划布局未来产业,转枢纽优势为发展胜势,聚焦聚力打造工业强市、农业强市、文旅强市、交通强市,目标是建成实力更强的"重点中心城市",建好功能完全领先的汉江新都会、城市新中心,认真落实"1+7"人才政策,为人民群众在襄创新创业和工作生活营造一流环境、提供一流服务。力争到 2035 年,全市 GDP 突破 1.6 万亿元,中心城区面积突破 300 平方千米、人口突破 300 万人,成为"环襄圈"首个现代化 I 型大城市。

由此可见,襄阳的发展是中国式现代化的动态演化过程,处于进行时而非完成时,经历了从局部到整体、从量变到质变、从初级到高级、从追赶到引领的历史性变化,是一个承载着丰富、鲜活、现实内容的"过程集合体"。襄阳人民所迸发出来的在改革中守正创新、在开放中博采众长的本真担当,有力地揭示了地方特色资源融入"大思政课"建设的题中之义。

三、课程建设推进,孕育"不待扬鞭奋自蹄"的自觉

从 2021 年习近平总书记提出思政课要"在社会生活中来讲""跟现实结合起来",到 2022 年教育部等十部门印发的《全面推进"大思政课"建设的工作方案》(以下简称《方案》),要求改革创新主渠道教学,拓展课堂教学内容。《方案》不仅提出:"各地各校围绕新时代的伟大实践,充分挖掘地方红色文化、校史资源,将伟大建党精神和抗疫精神、科学家精神、载人航天精神等伟大精神,生动鲜活的实践成就,以及英雄模范的先进事迹等引入课堂,推动党的创新理论和历史融入各学段各门思政课。"而且提出要"充分调动

全社会力量和资源"。可见,将产业襄阳、"襄"飘天下、薪火"襄"传、侠义襄阳、诗画襄阳、科教襄阳、"襄"土难舍、"绿满襄阳"、文旅襄阳、非遗襄阳等地方特色资源转化融入"大思政课"教学既面临新的机遇,也提出了更高要求。

　　知识技能不是地方特色资源转化融入"大思政课"教学的终极目的,把事实与价值、智慧建构与思想引领、精神世界与现实世界有机统一起来才是重中之重。对于如何实现价值的内化、思想的升华,马克思提出了"从思想世界降到现实世界"[①]的逻辑。特色课程不能就思想理论谈价值建构,而应"下沉"到学生实际生活中主动创设价值情境与意义空间,创造性地运用鲜活的地方特色资源,强化学生的认知体验。当前,看似热热闹闹的"大思政课"实践教学往往存在着表面化、形式化、娱乐化倾向,导致地方特色资源未高效利用甚至搁置浪费。马克思曾直截了当地表明:"人的思维是否具有客观的真理性,这不是一个理论的问题,而是一个实践的问题。"[②]地方特色资源转化要求"引进来"和"走出去"相结合,既要调动社区、乡村、企业等多元主体力量,以其学识经历、眼界阅历、专业能力成为教育引导学生的可靠师资,要转换授课场所,让学生走向田间地头、工厂车间、社区,接受"行走的思政"主题再教育,进而在实践中"润物细无声"般升华理论认知。

　　"大思政课"建设承担着"为党育人、为国育才"的重要使命。人的"思想政治品德形成和发展的复杂性,主要表现在思想政治品德的形成和发展是一个充满矛盾的过程……不仅存在于个体之间,或者同一个体的不同年龄阶段之间,也存在于同一个体身上不同的思想政治品德要素之间"[③]。开发特色资源课程应"一切以条件、地点和时间为转移",遵循"规律的探索",自觉加工社会资源,在此过程中需要不断地明确教学目标、选择教学内容、把握学生认知规律,使学生在思想品德发展中能够汲取"全面而均衡的营养"。这是地方特色资源向思政特色课程资源转化过程中遵循课程教学规律、学生认知规律的体现。特色资源课程的开发为学生提供了与社会互动的平台,促进学生实践能力、动手能力和创新思维的培养。同时,特色资源课程的开发增加了学生对于襄阳特色产业的了解,为学生的职业发展和未来就业奠定了基础。

第一节　地方资源转化规律:"大思政课"建设的动力源

　　以地方特色资源转化推动"大思政课"建设,除了要提升对资源转化重要性的认识,还需加强对资源转化过程规律的把握,这是"大思政课"建设的动力源。在转化过程中要处理好供与求、立与破、一与多、时与势等若干关系。

①　马克思恩格斯全集,第3卷[M].北京:人民出版社,1960:525.
②　马克思恩格斯文集,第1卷[M].北京:人民出版社,2009:503.
③　王玄武,骆郁廷.思想教育政治教育道德教育比较研究[M].武汉:武汉大学出版社,2002:156-157.

一、供与求的关系

这主要是指正确处理坚持地方特色资源转化与合乎教育教学发展需要的关系,使广泛多样的地方特色资源真正成为思政课的教学资源。目前,思政课教学中地方特色资源运用有以下三种状况:一是"供不应求",主要表现为地方特色资源转化存在供给侧结构性矛盾,脱离课程实际教学需求。只有热门地方的素材被植入课堂,成为博学生眼球的谈资,更多地方特色资源被忽视了。或者课堂教学融入古今中外、天南地北的奇闻趣谈、人生故事,却浮于表面,并非真正地为学生解疑释惑。因此,供给侧需要注重激发增长动力,解决结构性问题,突破供给约束堵点、卡点、脆弱点。二是"供过于求",主要表现为教育教学中教师只根据统一规定和要求照本宣科,对于超出教材、教学大纲及个人研究专长之外的素材资源不敢用、不想用、不会用。"不敢用"主要是担当不够的问题,怕用错、用不对路子、掌握不好火候反而带来反效果;"不想用"主要是动力不足的问题,对自己所从事或熟悉领域之外的社会其他行业领域的信息、知识缺乏足够的关注;"不会用"主要是能力不达的问题,因对以何种角度、方式、程度分析以及于何时何处运用相关素材的判断不清晰,索性不用。这显然有违"大思政课"建设对于社会资源广泛调动、充分融入的基本要求。因此,需求侧需要注重短期宏观调控,解决总量性问题。三是"供求平衡",主要表现为教师既广泛汲取各类地方特色资源,形成需求牵引供给,又在教学目标与规律指引下做好资源的相关性甄选、适配性择取、精准性磨合,实现供给创造需求,使社会资源与课程教学、学生发展需求统一起来,实现供需在更高水平下动态平衡。

二、立与破的关系

这主要是指正确把握地方特色资源内容与"大思政课"教育教学本质的关系,"立"是"破"的基础,"破"是"立"的升华,让涌现在广袤大地、孕育于生动实践、蕴藏在社会生活中的宝贵资源转化成为启智润心的高品质教学资源。在思政课教学实践中处理资源的立与破的关系往往有三种状况:一是"未立先破"。立在先开路,有基础性、先导性,必须避免用大量地方特色素材堆砌课堂,挤占甚至淹没其他思政课教材、马克思主义思想理论资源以及学术研究前沿等资源的发挥空间,以常识性、经验性描述回避甚至代替严密的逻辑论证或深刻的理论分析,产生内容浅薄泛散、主题不聚焦的现象,使思政课少了理论味、说服力。因此,"先破后立"需要注意时效,在地方特色资源新动能尚未形成、新模式并未确立之前,不可操之过急地"破",要谋定而后动,遵循思想政治教育教学的规律。二是"只破不立"。打破"大思政课"发展的束缚,才能为地方特色资源这一新动能腾出发展空间。即相比散见在课内外、校内外、网上下的静态教育资源,以静态教育资源为牵引的思政课教学尚不成熟和规范。果断淘汰落后静态资源和过时教育教学技术,融入 AI、GPT 等动态教学资源,才能为"大思政课"教育教学新质生产力创造良好的条件。比如,思政课在对场馆资源的利用上,无论是"走出去"还是"引进来",过程中都可以与各行各业龙头企业、产城示范基地结合,解决目标笼统、内容泛化、价值虚浮、形式主义等问题。三是"有立有破",主要表现为面对时代之问,在善用崭新且丰富的现实生活资源增强理论教育的生动性、亲和力的同时,更注重从中提炼精神性、价值性元素,以增强同思政课的目标匹配度、逻辑契合度、内容贯通度。唯有通过大刀阔斧地"立"和实践中反复检验运用成效,才能逐步实现"破"的突破,在革故与鼎新中形成高质量的思政课教学资源。

三、一与多的关系

这主要是指在地方特色资源转化为"大思政课"教学资源时,如何平衡统一性和多样性的关系。一方面,我们要坚持思政课的本质属性和核心要求,确保教学内容、方法和目标的统一性和连贯性,不因地方特色资源的引入而损害思政课的根本宗旨。另一方面,我们充分利用地方特色资源的多样性和丰富性,使之与思政课的教学内容和方法相结合,增强课程的针对性和实效性。

在实践中,处理一与多的关系通常有以下几种情况:一是"一味求多",即过于追求地方特色资源的丰富性和多样性,忽视了思政课教学的统一性和连贯性,导致课程内容庞杂、教学主题分散,学生难以理解和掌握。因此,在引入地方特色资源时,我们要注重筛选和整合,确保资源的针对性和相关性,使之与思政课教学内容和方法相契合。二是"只讲一统",即过分强调思政课的统一性和连贯性,忽视了地方特色资源的多样性和丰富性,导致课程内容单调、缺乏吸引力。因此,我们要在坚持思政课统一性和连贯性的基础上,注重引入和挖掘地方特色资源,丰富教学内容和方法,提高课程的针对性和实效性。三是"一多结合",既注重思政课的统一性和连贯性,又充分利用地方特色资源的多样性和丰富性,使之相互融合、相互促进。在实践中,我们要积极探索和尝试多种教学方法和手段,如案例教学、情境教学、实践教学等,将地方特色资源与思政课教学相结合,提高课程的教学质量和效果。

通过处理一与多的关系,我们可以更好地将地方特色资源转化为"大思政课"教学资源,丰富教学内容和方法,提高课程的针对性和实效性,促进学生的全面发展和综合素质的提高。同时,也可以为"大思政课"建设提供有力的支撑和保障。

四、时与势的关系

在"大思政课"建设过程中,时与势的关系是至关重要的。这里"时"指的是时代变迁中襄阳地方特色资源与学生学习成长的时段需求,"势"则代表了当前和未来的发展趋势和规律。只有深刻理解并把握这两者之间的动态平衡和相互作用,才能确保思政课教育教学的有效性和前瞻性。

思想理论教育在把握时与势的关系上,往往存在以下三种情况:一是"势备而时不及"。引地方特色资源入思政课堂抓不住适宜时机,不能敏锐地捕捉时代的脉搏,紧跟时代的步伐。随着社会的快速发展和科技的日新月异,各种新事物、新现象层出不穷,这些都为思政课教育教学提供了丰富的素材和广阔的空间。我们要善于从时代的变化中提炼出有价值的教育资源,将其融入思政课的教学中,使教学内容更加贴近实际、贴近生活、贴近学生。如果不充分考虑社会资源融入思政课教学的出场点位、容量次数、组合搭配等,重复地、机械化地套用教育资源,不顾及学生群体不同成长时段的真实需求,同质资源不经加工地反复出现或资源内容超越学生认知发展阶段,那么就无法抓住学生心理,赢得学生青睐。二是"时及而势未备"。要深刻认识并顺应发展的趋势。当前,全球化和信息化已成为不可逆转的趋势,这既为思政课教育教学带来了挑战,也带来了机遇。我们要善于利用现代信息技术手段,创新教学方式方法,提高教学效果。同时,还要关注国际形势的变化,引导学生正确看待世界、认识世界,开拓他们的国际视野,增强他们的全球意识。目前存在对国际国内之时势观之不全、对"大思政课"综合改革之形势察之不深、对当代青年担当有为之情势谋之不细、对信息化发展之趋势乘之不显的问题,由此导致未能在因应社会之大势中有效获取资源、利用资源。三是"因时因势"。既把握恰当的时机、契机做好资源转化的素材性储备、适应性融入、持续性优化,又把握趋势尽快确定资源转化的策略,于细微中顺势而为、向势而转。在"大思政课"的建设中,我们不能仅仅满足于跟随时代的步伐,更要主动引领时代潮流。我们要在深入把握时代特点和发展趋势的基础上,积极探索新的教育教学理念和方法,推动思政课教育教学的创新和发展。同时,我们还要注重培养学生的创新精神和实践能力,使他们成为能够适应时代变化,具有创新精神和实践能力的新时代青年。这样才能抓住地方特色资源向思政课教学有效融入的节奏,达到事半功倍的效果。

第二节　地方资源转化措施:"大思政课"建设的实干标

要化解地方特色资源向思政课教学资源转化过程中存在的现实难题,更好地挖掘地方特色资源中蕴含的思想政治教育元素,进一步推进"大思政课"教学资源体系建设,亟待从促进内容生产、素质提升、技术赋能、机制建设等方面推动转化。

一、以内容生产守住"正能量"

在"大思政课"建设中,内容生产是核心环节,它直接决定了课程的品质和教育效果。为了守住"正能量",我们需要从以下几个方面着手:

首先,明确思政课的教育目标。地方特色资源虽然丰富多样,但必须与思政课的教育目标紧密结合,确保资源的引入能够强化思政课的核心价值观,强化主流意识形态内容的教育传导。促进社会资源转化必须"从维护国家意识形态安全、培养社会主义建设者和接班人的高度来抓好"[①],以推动高质量内容生产为根本,促进学生正确世界观、人生观和价值观的形成。

其次,严格筛选和整合地方特色资源。我们要从大量的地方资源中筛选出具有代表性、教育性和时代性的内容,去除低俗、虚假和不良信息,确保资源的正向价值。同时,要对资源进行有效整合,形成有机整体,增强课程的系统性和连贯性。

---

① 习近平.思政课是落实立德树人根本任务的关键课程[J].求是,2020(17).

再次，注重内容的创新性和时代性。随着社会的不断发展，新的时代特点和问题不断涌现，我们要及时将新的内容引入思政课中，使课程更加贴近实际、贴近生活、贴近学生。同时，要鼓励师生共同参与内容的生产，发挥他们的主动性和创造性，推动课程的创新发展。

最后，加强内容的审核和监管。我们要建立严格的审核和监管机制，对引入的地方特色资源进行严格把关，确保内容的真实性和准确性。同时，要加强对课程教学的监督和管理，确保教师能够按照要求进行教学，保证教学质量和效果。

通过以上措施的实施，我们可以有效守住"正能量"，为"大思政课"建设提供坚实的内容支撑。同时，也可以进一步挖掘地方特色资源中蕴含的思想政治教育元素，丰富课程内容和方法，提高课程的针对性和实效性。

二、以力量整合汇聚"强动力"

在"大思政课"建设中，力量整合是确保各项工作顺利推进的关键。为了汇聚强大的动力，我们需要从多个方面着手：

首先，加强校内外的合作与交流。学校应积极与地方政府、企事业单位、社会团体等建立合作关系，共同开发地方特色资源，形成资源共享、优势互补的局面。通过校内外力量的联合，我们可以获取更多优质的教育资源，为思政课教育教学提供有力支持。

其次，发挥教师的主体作用。教师是思政课教育教学的主力军，他们的专业素养和教学能力直接影响课程的质量和效果。因此，我们要加强对教师的培训和指导，提高他们的专业素养和教学能力。同时，要鼓励教师积极参与地方资源的开发和利用，发挥他们的主动性和创造性，推动课程的创新发展。

再次，注重学生的参与和体验。学生是思政课教育教学的主体，他们的学习体验和感受对于课程的效果至关重要。因此，我们要注重学生的参与和体验，鼓励他们积极参与到地方资源的开发和利用中来。通过学生的参与和实践，我们可以更好地了解他们的需求和兴趣点，进一步丰富课程内容和方法，提高课程的针对性和实效性。

最后，加强组织领导和协调。为了确保"大思政课"建设的顺利推进，我们需要加强组织领导和协调。学校应成立专门的领导小组或工作小组，负责统筹协调各项工作。同时，要明确各部门的职责和任务分工，加强沟通与协作，确保各项工作的顺利开展。

通过以上措施的实施，我们可以汇聚强大的动力，为"大思政课"建设提供有力的保障。同时，也可以进一步发挥校内外的力量优势，共同推动思政课教育教学的创新和发展。

三、以技术赋能打开"新角度"

在"大思政课"建设中，技术赋能不仅为课程创新提供了无限可能，也为地方特色资源的有效转化提供了新角度。为了充分利用现代技术，我们需要从以下几个方面着手：

首先，构建数字化教学资源库。利用大数据、云计算等现代信息技术，将地方特色资源进行数字化处理,形成丰富多样的数字化教学资源库。这不仅能够实现资源的共享和便捷访问,还能够通过数据分析和挖掘,发现更多有价值的思政教育资源。

其次,创新教学模式和方法。利用虚拟现实、增强现实等前沿技术,打破传统思政课的时空限制,为学生提供沉浸式、交互式的学习体验。通过模拟真实场景、还原历史事件等方式,让学生更加直观地感受和理解思政知识,提高学习效果。

再次,加强在线教学平台建设。利用互联网和移动通信技术,构建功能完善、操作便捷的在线教学平台。通过在线直播、录播回放、互动讨论等方式,实现师生之间的实时交流和互动,提高教学效率和质量。

最后,注重技术应用的培训与推广。加强对教师和学生的技术培训,提高他们的信息素养和技术应用能力。同时,通过举办技术交流会、教学研讨会等活动,推广先进的技术应用案例和经验,促进技术应用在思政课教育教学中的普及和深化。

通过以上措施的实施,我们可以充分利用现代技术为"大思政课"建设提供有力支持。技术赋能不仅能够打开新的教学角度和方法,还能够促进地方特色资源的有效转化和利用,推动思政课教育教学的创新和发展。同时,也能够为新时代青年提供更加优质、高效、便捷的思政教育资源和服务。

四、以机制建设构筑"大网络"

在"大思政课"的建设中,机制建设是确保整个系统有序运行和持续发展的基石。为了构筑一个稳固而有效的"大网络",我们需要从以下几个方面进行努力:

首先,建立健全的课程体系机制。这包括明确思政课的课程目标、内容框架和评价标准,确保课程的科学性和系统性。同时,要加强不同课程之间的衔接和融合,形成相互支持、相互补充的课程体系,为学生提供全面而深入的思政教育。

其次,完善教学资源共享机制。通过建立教学资源共享平台,实现校内外资源的互联互通和共享利用。这不仅可以提高资源的利用效率,还可以促进资源的优化配置和合理流动,为思政课教育教学提供更加丰富的素材和案例。

再次,强化实践教学机制。实践教学是思政课教育教学的重要组成部分,对于培养学生的实践能力和创新精神具有重要意义。因此,我们要加强实践教学的组织和管理,建立稳定的实践基地和合作单位,为学生提供更多的实践机会和平台。同时,要加强实践教学的评估和反馈,确保实践教学的质量和效果。

此外,还要加强师资培训机制。教师是思政课教育教学的关键力量,他们的专业素养和教学能力直接影响课程的质量和效果。因此,我们要建立完善的师资培训机制,定期为教师提供培训和学习机会,提高他们的专业素养和教学能力。同时,要鼓励教师积极参与课程建设和教学改革,发挥他们的主动性和创造性。

最后,要完善课程评价机制。评价是课程建设和发展的重要环节,通过评价可以了解课程的运行状况和发展趋势,为课程的改进和提高提供科学依据。因此,我们要建立完善的课程评价机制,制定科学合理的评价标准和方法,对课程进行全面、客观、公正的评价。同时,要加强评价结果的反馈和应用,推动课程的不断改进和发展。

通过以上措施的实施,我们可以构筑一个稳固而有效的"大网络",为"大思政课"建设提供有力的机制保障。这不仅可以促进课程的创新和发展,还可以提高课程的针对性和实效性,为培养社会主义建设者和接班人提供更加优质、高效、便捷的思政教育资源和服务。

本章小结

本章聚焦于"大思政课"建设的多维度策略与路径,旨在推动思政课教育教学的创新与发展。首先,我们提出了以地方特色资源为依托,打造富有地域特色的思政课程。地方特色资源作为独特的教学资源,不仅能够丰富课程内容,还能增强学生的文化认同感和归属感。其次,我们强调了学生的主体地位,认为学生的参与和体验是提升思政课教学质量的关键。因此,我们鼓励教师创新教学方法,引导学生积极参与课堂讨论和实践活动,培养他们的批判性思维和创新能力。在技术赋能方面,我们探讨了如何利用现代科技手段,如大数据、人工智能等,为思政课教学提供新的可能。通过构建数字化教学资源库、开发智能化教学平台等举措,我们可以为学生提供更加个性化、精准化的学习体验。同时,我们也认识到了机制建设在"大思政课"建设中的重要性。因此,我们提出了一系列机制建设措施,包括完善课程体系、优化教学资源配置、加强师资培训等,以确保思政课教学的有序进行和持续发展。最后,本章通过深入探讨"大思政课"建设的多维度策略与路径,为思政课教育教学的创新与发展提供了有益的思考和启示。我们相信,在全体教育工作者的共同努力下,思政课教育教学必将迎来更加美好的未来。

习言习语

"大思政课"我们要善用之,一定要跟现实结合起来。上思政课不能拿着文件宣读,没有生命、干巴巴的。

——2021年3月6日,习近平看望参加全国政协十三届四次会议的医药卫生界、教育界委员时的讲话

思想政治理论课能否在立德树人中发挥应有作用,关键看重视不重视、适应不适应、做得好不好。思政课的本质是讲道理,要注重方式方法,把道理讲深、讲透、讲活,老师要用心教,学生要用心悟,达到沟通心灵、启智润心激扬斗志。

——2022年4月25日,习近平在中国人民大学立德楼观摩思政课智慧教室现场教学并参与讨论时的讲话

推荐书目

［1］列宁全集・第 4 卷［M］.北京：人民出版社，1984：277.

［2］列宁选集・第 3 卷［M］.北京：人民出版社，2012：26.

［3］马克思恩格斯选集・第 1 卷［M］.北京：人民出版社，2012：10.

［4］马克思恩格斯全集・第 3 卷［M］.北京：人民出版社，1960：525.

［5］马克思恩格斯文集・第 1 卷［M］.北京：人民出版社，2009：503.

［6］王玄武，骆郁廷.思想教育政治教育道德教育比较研究［M］.武汉：武汉大学出版社，2002：156－157.

第一章

产业襄阳

襄阳州望古来雄,耆旧相传有素风。近年来,襄阳始终坚持以习近平新时代中国特色社会主义思想为指导,全面贯彻落实党的二十大精神和中央经济工作会议精神,坚定贯彻习近平总书记关于湖北工作的重要讲话和指示批示精神,聚焦经济建设中心工作和高质量发展首要任务,深入推进以流域综合治理为基础的四化同步发展,统筹扩大内需和深化供给侧结构性改革,统筹新型城镇化和乡村全面振兴,统筹高质量发展和高水平安全,切实增强经济活力,防范化解风险,改善社会预期,努力做大城市、做强产业、做优环境、做多人口,高标准建设引领汉江流域发展、辐射南襄盆地核心增长极的省域副中心城市,加快推动襄阳都市圈高质量发展,奋力推进中国式现代化襄阳实践。

第一节 以"三线"建设发展为抓手

"三线"建设是中共中央于 20 世纪 60 年代中期做出的一项重大战略决策,它是在当时国际局势日趋紧张的情况下,为加强战备,逐步改变我国生产力布局的一次由东向西的战略转移。在全国"一盘棋"的统一布局下,作为"三线"建设重要布点地区之一,襄阳建立了独具特色的工业体系,襄渝、焦枝等铁路交通干线相继通车,一批前所未有的工业项目落地生根,有力促进了襄阳经济社会发展。

20 世纪 60 年代前期,国际形势出现新的动荡,美国对越南北方的侵略战争逐步扩大,我国周边形势日趋紧张,备战问题摆到党的重要议程上。1964 年五六月间,中央政治局常委扩大会议和中央工作会议专门讨论"三五"计划时,毛泽东从经济建设和国防建设的战略布局考虑,将全国划分为一线、二线、三线,提出"三线"建设问题。

1964 年 10 月,中共中央下发《一九六五年计划纲要(草案)》,确定了"三线"建设总目标,即采取多快好省的方法,在纵深地区建立起一个工农业结合的、为国防和农业服务的比较完整的战略后方基地。1965 年 8 月,中央召开全国搬迁工作会议,确定立足于战争,搬迁项目遵循大分散、小集中原则,国防尖端项目建设则遵循靠山、分散、隐蔽原则。随后,大规模搬迁和建设工作展开,"三线"建设进入实质性实施阶段。[①]

一、襄阳"三线"建设的部署与落实

为积极配合"三线"企业内迁、建设工作,1964 年 12 月,襄阳地区成立支援"三线"建设办公室(1969 年更名为国防工业办公室),受襄阳地区革委会和军分区双重领导。1971 年 10 月 16 日,襄阳地区国防工业领导小组成立,1975 年后改由地方直接领导。

1966 年 2 月 6 日,襄阳地委、专署《关于下达一九六六年国民经济计划的通知》指出:"按照中央工作会议精神,'三五'建设方针必须立足于战争,把国防建设放在第一位","要积极支援国家在我区的'三线'建设,力争提前建成地方军事工业"。地委经常性地召开由"三线"单位党委负责同志参加的座谈会,就"三线"厂房建设、干部管理、教育卫生、工农关系、保卫保密、家属落户就业、子女上学、后勤保障等问题进行具体研究,并予以妥善解决,有力推进了"三线"工程项目建设。全地区干部群众以高度的政治觉悟,克服种种困难支援国家"三线"建设。在当时,流传着"好人好马上'三线'、精兵强将进军工"的佳话。

中央和有关部门领导不仅多次听取襄阳"三线"建设汇报,做出明确指示,而且从人力、物力、财力等方面给予大力支持。1971 年 1 月 19 日,毛泽东亲笔签发至各大军区的电报,对设于襄阳的 610 研究所建设问题明确指示,要求"所需施工力量,请有关军区进行研究安排"。1972 年 3 月 17 日下午,周恩来、叶剑英、李先念等党和国家领导人,在人民大会堂新疆厅听取襄阳等"三线"军工单位工作汇报。

1974 年 11 月 5 日,湖北省委领导同志来襄阳指导"三线"建设。在听取有关汇报后,赵修同志指出,三三〇、八二七、二汽、〇七工程都要搞好。"三线"建设的观点一定要强,襄阳要适应"三线"建设,还必须把农业搞上去,农业"四化"要靠"三线"。11 月 7日,在地直和襄樊市局以上干部会议上,赵辛初同志指出,襄阳地区具有重要的战略意义,二汽建设好,对湖北省的工农业就是个大促进。建设"三线",相应地就是要建设地方工业、支农工业,要有决心和信心搞好工业化,地、市委要加强对"三线"厂的领导。中央、省委领导同志的具体指导,极大鼓舞了大家的斗志,促进了襄阳"三线"建设。[②]

二、襄阳"三线"建设的重大成就

焦枝铁路与襄渝铁路建设。从 1966 年到 1976 年,全国新修铁路干线 10 条,而襄阳境内就有襄渝、焦枝两条铁路,均属于"三线"建设重大项目。1968 年 6 月和 1969 年 6 月,毛泽东在武汉两次要求打通襄阳入川的铁路,并指示湖北、河南两省尽快修建焦枝铁路。作为国家铁路干线的焦枝铁路,全长 753.3 千米,1970 年 7 月建成通车。1964年,党中央、国务院决定修建襄渝铁路。当年,湖北境内的莫家营至胡家营开工。1973年 10 月,襄渝铁路全线贯通。至此,汉丹、焦枝、襄渝 3 条铁路在襄阳交会,形成铁路

① 三线建设干部学院小册子。
② 何川.东湖评论:传承"三线精神"建功立业新时代.荆楚网.2021-03-26.

枢纽。

汉江六一二大桥与襄阳汉江一桥建设。襄渝铁路仙人渡汉江铁路大桥全长 1600 多米，东起老河口的仙人渡镇，与汉丹铁路相接，西到谷城县的格垒嘴，当时为了保密称作汉江六一二大桥，是襄阳境内最关键的工程之一。广大建桥工人鼓足干劲，日拼夜战，使得工程提前半年竣工，并于 1969 年 4 月 1 日胜利实现试通车。襄渝铁路由此首跨汉水，打开了蜀道第一道关口。

襄阳汉江一桥是焦枝线上的特大型铁路、公路两用桥梁，原计划三年建设工期，最后仅用两百多天就建成。1970 年 4 月 26 日，襄阳汉江大桥铁路桥通车。同年 5 月 20 日，襄阳汉江大桥公路桥通车。

军工企业建设。襄阳"三线"建设规模大、速度快、行业全。从 1962 年到 1970 年 7 月，国家先后在襄阳市区兴建了江汉机械厂、宏伟机械厂、卫东机械厂、汉丹电器厂和两个高规格的研究所，还修建了为"三线"配套的战备物资储备仓库，在宜城兴建了东方化工厂、华光器材厂、鄂西化工厂，在南漳兴建了江华机械厂等，在谷城兴建了红星化工厂（航天四十二所）、红山化工厂、为空军配套的飞机发动机大修厂，在光化（现为老河口市）兴建了江山机械厂等一批军工厂，还建设了六〇三印刷厂、襄阳棉纺织印染厂以及供水、供电等一批为"三线"建设服务的民用企业。这些企业在航空模拟、环境控制、无线电遥测、自动控制、计量检测和高分子解剖、合成技术等方面都处于国内领先水平。

三、"三线"建设促进了襄阳经济社会发展

"三线"铁路为襄阳腾飞插上了翅膀。襄阳"三线"建设的总体布局使汉丹、襄渝、焦枝三条铁路在此交会。铁路的发展，从根本上改变了襄阳的交通格局，真正实现了铁路交通四通八达，大大提高了物资运输效率。这期间，铁路的建设不仅使襄阳成为全国"八纵八横"铁路运输网的重要枢纽和湖北省第二大铁路枢纽，也为 20 世纪 90 年代襄阳工业的发展奠定了坚实基础，助力襄阳在 20 世纪 70 年代成为全国工业明星城市、三线军工重要布点城市和全国汽车新城。

"三线"企业有力支援了当地农业生产。"三线"企业全面贯彻毛泽东"备战、备荒、为人民"的伟大战略思想，自觉参与支援当地农业发展，不等不靠、自力更生，促进了周边地区农业发展。很多军工企事业单位为社队培养了一大批农机技术骨干，厂医院经常派出医疗队到附近社队巡回医疗，为改变农村缺医少药的状况做出了贡献。工农相互支援，密切了工农关系，为"三线"建设营造了较好的周边环境。[①]

"三线"技术带动了地方工业突飞猛进。军工企事业单位从技术设备、人才培养、生产经营管理等方面对襄阳工业发展大力支持，使襄阳彻底摆脱了传统单一手工业生产方式，填补了一些县的工业空白，初步构建起以交通为基础、以国防科技为重点、原材料工业与加工工业相配套、科研与生产相结合的战略后方基地，形成了以襄阳市区为中心向县域延伸，沿汉丹铁路向东西两翼展开的工业带，推动了襄阳经济社会发展。

---

① 襄阳市人民政府.重塑"三线军工"新辉煌.襄阳政府网.2024-05-24.

　　襄阳地区作为国家"三线"战略后方基地,得到了中央、省委和人民群众的极大关注与支持。在那个特殊年代,在党的指引下,襄阳地委带领全区人民与军工企业团结一致,艰苦奋斗,组织动员八方力量,克服重重困难,支持"三线"建设,取得了巨大成就。"三线"建设留给后人的不仅是物质遗产,更有宝贵的精神遗产。这种精神财富在今天,仍然弥足珍贵,足以鼓舞后人。

第一节　以"猛虎下山"为契机

一、以"猛虎下山"为契机,解决工业从小到大的问题

　　20 世纪 80 年代初,东风汽车公司(原第二汽车制造厂)实施由十堰—襄阳—武汉的"三级跳"发展战略,在襄阳建设发动机、变速箱、轿车、轻型车基地,揭开了襄阳汽车产业发展的序幕,也掀开了襄阳工业新的一页。

　　到了 80 年代中期,襄阳市响应国务院"军民结合、平战结合、军品优先、以民保军"的方针,从整体上推动军民结合的深入发展,提升了襄阳工业经济的总体水平。1988 年,襄阳工业达到一个新的高峰,工业产值突破 50 亿元,稳居湖北第二。

　　依托东风襄阳基地和"军转民"试点城市建设,襄阳市沐浴着改革开放的春风,经过十年艰苦奋斗,基本形成由汽车、纺织、化工、建材、电子等为主体,由 30 多个行业 170 多个门类组成的比较完整的工业体系。

　　"正是在这一时期,襄阳市解决了工业经济从小到大的问题,工业模式实现了由传统的劳动密集型向资金、技术密集型的转变。"李地宝说,通过大力调整产业和产品结构,汽车、纺织、化工、建材、电子等产业支柱地位逐渐形成,汽车产业龙头地位也逐渐确立,我国第一个热气球、第一台油田伴生气回收装置等一批在国内外具有领先地位的重大科技成果,提升了襄阳工业经济的总体水平。

二、以"猛虎下山"为契机,解决工业从弱到强的问题

　　从 1988 年开始,在经历了简政放权、承包经营、厂长(经理)负责制等各项改革后,襄阳市加快朝着建立现代企业制度的目标迈进。2002 年,我国国有企业改革进入以国有经济战略性调整与重组为主要内容的发展阶段。国有企业改革,为解决襄阳市工业由弱到强的问题奠定了基础。经过近一年的努力,襄轴、襄棉、湖北化纤这 3 家大企业顺利实现国有产权退出、职工身份转换。与此同时,襄阳市把国企改革与招商引资、调整和优化经济结构、加速推进新型工业化进程有机结合起来,积极为一些骨干企业或具有发展后劲的企业与国内外知名企业重组搭建平台。卓有成效的企业改革,使全市工业经济迸发出前所未有的活力,且影响深远,襄阳市工业总产值由 2003 年的 325.27 亿元增长到 2011 年的 3276.5 亿元,年均增长 35.1%。

　　2011 年 9 月,市委十一届十四次全体(扩大)会议确定,坚持"产业第一"的理念,以

"做大总量、提升层次"为目标,构建"一个龙头、六大支柱"的产业发展格局,并出台了《关于推动工业经济跨越式发展的若干意见》及其配套实施办法。随后,组织编制了《产业襄阳发展战略规划》,实施工业领先、服务业跨越、现代农业建设三大战略,推动制造业高端化发展。

2016年,襄阳市在"十三五"规划中提出,实施创新驱动发展战略,实施智能制造、技改提质、绿色制造、军民融合四大工程,加快工业转型升级;2017年7月,襄阳市出台《关于加快工业经济发展实现倍增目标的意见》,深入实施工业强市战略,加快推进新型工业化进程。

"2018年4月,襄阳市委、市政府又出台了《关于推进高质量发展十大重点工程的实施意见》,提出到2020年,所有规模以上工业企业完成一轮技术改造,基本形成龙头产业更大更强、多点支撑更牢更稳的产业发展格局。"李地宝说,有了市委、市政府的坚强领导和各地各部门的协同发力,襄阳工业经济一定会乘着绿色发展、高质量发展的东风,砥砺前行,续写辉煌![1]

2024年襄阳市政府工作报告指出,坚持以科技创新引领产业创新,统筹抓好传统产业转型升级和新兴产业发展壮大,加快构建现代化产业体系,着力建设中部地区承接先进制造业转移和国家产业备份基地。

三、以"猛虎下山"为契机,拉动经济能级大提升

投资是拉动 GDP 的"三驾马车"之一。项目建设,是支撑城市经济发展的重要载体。

40年来,市发改委在市委、市政府的坚强领导下,紧紧抓住项目建设这个"牛鼻子",发挥投资"定海神针"的作用,善谋划、优服务、勤协调,推动了一个又一个重大项目建成,在不同时期、不同领域发挥了重要作用,极大地促进了襄阳经济社会发展。

襄阳火电厂是新中国成立以来襄阳市最大的投资项目,也是市发改委为推进襄阳快速发展而积极谋划的一个重点项目。20世纪90年代,用电紧张成为制约襄阳工业发展的瓶颈。市发改委按照市委、市政府要求,在谋划项目时提出建设一个小型火电厂,缓解襄阳用电紧张问题。市发改委积极向国家发改委汇报这一项目,并邀请国家发改委等有关部门到襄阳实地考察调研,千方百计挤进国家计划"笼子"。最终,该项目不仅赢得国家发改委支持,还升格为一期工程装机容量达 4·30 万千瓦机组的大型火电厂。

襄阳火电厂的建成,不仅为襄阳及周边地区用电提供了保障,增强了襄阳地方财政实力,促进了襄阳经济发展,还通过华中电网销往华东、湖南等地,有效发挥了与三峡工程配套调峰的作用。

长虹大桥是连接襄城、樊城的第一座公路专用桥。在长虹大桥建设之前,汉江两岸

---

[1] 刘倩,文凌霄.稳中求进 进中取优"十三五"时期襄阳工业经济高质量发展综述[J].襄阳日报,2021-03-16(001).

只有一座公铁两用大桥可以通行。随着车流量的增加,高峰期拥堵、过境车辆滞留成为常态,严重制约了襄阳城市发展。市发改委在谋划"八五"项目时,将长虹大桥项目列为重点城建项目,并积极争取将其列为湖北省"八五"重点项目之一。如今,长虹大桥不仅是市区重要的交通枢纽,也带动了周边多个商圈的发展。

第二节　以"襄阳范式"为目标

"链式发展"模式是推动构建现代产业体系的重要组织形式。为深入贯彻落实链式发展思路,充分激活和转化襄阳市产业基础、特色和优势,在重点产业链式发展上取得突破性进展,加快构建现代产业体系,形成可在全国复制推广的链式发展襄阳新"范式"。近年来,襄阳市深入推进13条先进制造业产业链和10条农业产业链链长制工作,狠抓产业链延链补链强链,产业链韧性和安全水平稳步提升,尤其是2022年以来,在链式发展思路指导下,全市上下进一步统一思想、凝聚共识,聚焦建设"144"产业集群,全产业链谋划、全产业生态培育,大抓招商、大抓项目,推动产业链式发展。[①]

一、发展目标

到2025年,汽车产业年均复合增速达到14%,规上企业达到400家(其中百亿级链主企业达到6家——东风股份、东风日产、东风纳米、康明斯、骆驼、比亚迪),本地化配套率达到30%,其中,智能网联汽车产值达到300亿元,在智能网联整车装备领域打造3家以上具有竞争力的一流企业,在关键部件领域形成10家以上头部企业。

新能源新材料产业年均复合增速达到30%,规上企业达到190家(其中百亿级链主企业达到3家——湖北锂源、赣锋锂业、吉利硅谷),本地化配套率达到25%,其中,新能源储能电池产业产值达到1000亿元,规上企业达到60家(其中百亿级链主企业达到2家——湖北锂源、赣锋锂业),打造1～2个全省重点新能源储能电池产业特色园区。

装备制造产业年均复合增速达到15%,规上企业达到160家(其中50亿级链主企业达到3家——航宇救生、金鹰重工、汉江重工),本地化配套率达到21%。

农产品加工产业年均复合增速达到10%,规上企业达到790家(其中百亿级链主企业达到2家),全市农产品加工产业终端产品占比达30%以上,5个市级特色产业园区产业集聚度达到85%以上,打造1个国家级食品产业集群,本地化配套率达到30%。

医药化工产业年均复合增速达到10%,规上企业达到230家(其中百亿级链主企业1家——保康兴发),引进畅销药品批文20个以上,创建1～2个"智慧化工园区"或"绿色化工园区",本地化配套率达到20%。

---

① 李菲.襄阳市接续主导产业发展战略研究[M].清华大学出版社,2020.

电子信息产业年均复合增速达到 13％，规上企业达到 200 家，本地化配套率达到 20％。

二、发展方向

汽车产业。巩固车桥、转向节、轴承等产品优势，大力开发新能源汽车用关键零部件；培育壮大电驱动系统等核心总成和系统集成；加快引进线控底盘、智能座舱系统生产企业；巩固大马力发动机优势，加快研发生产混合动力发动机、变速箱、氢内燃机、天然气发动机、氢燃料电池系统等产品；加快本地传统整车电动化、智能化、网联化转型步伐，加快引进新能源及智能网联整车项目，引进和培育高端特种车、专用车企业。

新能源新材料产业。健全从磷矿开采，到磷酸盐，到电池材料，再到动力/储能电池，再到电池回收利用的全产业链条。重点推动"硅矿开采—多晶硅—光伏电池片—光伏电池组件—光伏发电系统"和"硅矿开采—有机硅单体/中间体—有机硅初加工—有机硅深加工—回收利用"硅系产业路线发展。大力推动"钒电解液—全钒液流电池系统—储能应用—电池回收利用"链式发展。

装备制造产业。做大做强航空座椅内饰、防护救生、轨道交通维保、智能制造装备等产品。重点招引大型、环保、高端铸造、电镀（表面处理）项目，发展一体化精密冲压、压铸模具。招引小型通航飞机和无人机，开发滑翔用系列化产品。做大轨交和航空后市场规模，培育本地航空运动旅游市场。

医药化工产业。医药领域持续做强化学制药产业，推动中药材种植加工，建设大型药材批发市场，大力发展中药成品制剂。招引培育高端医疗器械供应商，壮大疫苗、抗体、蛋白质药物等生物制药产业链。化工领域重点发展农药、涂（染、颜）料、添加剂、催化剂、助（试）剂等精细化工产品。

农产品加工产业。食品领域突出发展从稻谷、小麦、油料作物、生猪、茶叶、茶油等农产品优势产品，到初加工产品以及休闲食品、预制菜、宠物食品等精深加工产品的全产业链条。纺织领域突出发展以及从纤维原料到印染整理等初加工产品，再到功能性面料及高档家纺等成品的全产业链条。

电子信息产业。做大功率半导体模块、汽车传感器、光学元器件、磁性材料等电子元器件规模。巩固软起动规模和品牌，推动传统电缆向专用电缆转变。依托已建成的数据中心，发展 USP 不间断供电系统。聚焦"宅经济"生活模式，引进培育厨房小家电、家居小家电、个护小家电等产品。

智能网联汽车产业。依托国家级车联网先导区"先行先试"政策优势，大力开展多场景示范应用，补齐智慧灯杆、T-BOX 等车联网产品短板，引进智能网联汽车感知、决策、执行系统零部件。导入和发展 L2 级及以上智能网联汽车产品。重点支持东风系企业研发线控底盘、智能座舱系统，推动长沙智能驾驶研究院设立区域运营中心，开发车联网通信终端、自动驾驶解决方案。

新能源储能电池产业。大力发展磷酸铁、磷酸铁锂等储能电池材料，构建储能电池全产业链。提升钒储能设备和材料研制水平，招引培育钒电解液、电堆等关键部件以及双极板、离子交换膜、电极等核心零件生产企业。聚焦超导、超级电容等储能技术,以及在液态金属电池、固态锂离子电池、金属空气电池等领域开展技术攻关。

三、重点任务

耦合式接链,畅通产业循环。开展产业链协同发展行动,围绕链主企业组建产业协作联盟,推动链主企业与配套服务企业在共性技术攻关、行业标准制定、数字供应体系建设等方面深化合作,形成上下游、大中小企业融通发展格局。开展供应链协同对接行动,分产业链梳理筛选龙头骨干企业上下游产销合作名单,围绕整车、整机、总成和重点零部件企业,小切口、高频次开展产销对接活动,着力提升零部件本地配套率。开展企业家凝心聚力行动,发挥襄阳企业家联合会、行业协会作用,每年定期举办企业家沙龙、企业思想年会、企业家访学等活动,凝聚信心、团结力量,推动交流与合作。

集聚式补链,提升近地配套。开展链主企业培育行动,每个重点产业培育和引进 3 个以上链主企业,集中优势资源扶持链主企业做大、做优、做强。依托链主企业开展"抱大树"行动,逐一梳理链主上游供应商名单,制定链式招商地图,招引上游配套企业落地布局。开展资源换产业行动,强化磷矿、硅矿资源整合,推动枣阳、谷城、襄城、南漳、宜城、老河口、保康等地形成联动合作机制,提高招商话语权。开展园区聚产业行动,全力推动保康磷化工产业园建设,高标准建设特色产业园,同时为整车主机企业冠名建设产业园区,吸引和带动配套、服务企业落地布局。开展市场换产业行动,整合打包全市医药、餐饮、建筑等领域需求,对接引进医药、预制菜、工程机械等产业项目。

拉伸式延链,提高发展质效。开展产业链延伸拉粗行动,分产业逐个梳理和制定产业链"延链"地图,向下游的储能材料、光伏材料、电子材料、金属材料、纤维材料等先进材料,功能食品、预制食品、宠物食品、健康食品等高端消费品,以及基础零部件、核心元器件、设备总成等下游高附加值环节拉伸,推动资源变产品、产品变产业、初级产业变高级产业。加快推动汽车、轨道交通、航空航天等产业持续向检验检测、维修保养、数据应用、智能物流、无人运营、金融衍生等下游增值服务领域拓展延伸,实现制造业和服务业融合发展。加快充电基础设施建设,形成适度超前的公共充电网络。推动全钒液流储能、锂电储能试点示范项目建设,扩大光储充放一体化试点应用规模。

品牌式强链,创建行业标杆。开展拔尖企业、拳头产品培育打造行动,遴选一批技术实力突出、产品质量过硬、市场占有率高、品牌效应明显的"拔尖"型企业,"一企一策"制定培育方案,支持企业申报创建单项冠军、专精特新等各类试点示范,形成一批行业标杆型的拳头产品和先进技术。开展集群品牌打造行动,谋划组建专家咨询委员会,为优势产业发展提供战略咨询、规划编制、技术支持、政策顾问等方面参谋服务,支持链主企业牵头创建国家制造业创新中心和国家创新型产业集群,打响集群创新品牌。开展产品品牌打造行动,深入实施"三品"战略,分产业制订品牌培育计划,加大市场化品牌营销力度,力争每个产业都推出 1 个以上具有全国影响力的襄阳特色产品品牌。

强基式固链,夯实产业根基。开展产业基础能力提升行动,围绕工业"五基"分产业链梳理"卡脖子"环节,制定襄阳工业强基项目名录,强力实施科技"赛马制"和"揭榜挂帅制",鼓励国内外专家院士、科研团队、龙头企业参与解决"卡脖子"技术难题,补齐工业基础能力短板。开展物流载体建设行动,对接国内外各大供应链物流公司,争取在襄阳设立区域性总部和物流基地,把襄阳建成关键基础材料、核心基础零部件、精密元器件的华中供应基地。开展技改转型突破行动,启动新一轮"千企千亿"技改专项行动,聚焦重点产业和新兴赛道,分别建立技改项目储备库,每年遴选100家以上企业开展智能化改造诊断服务,每年推动实施200个以上技改数转项目,加快数字化、智能化转型步伐。

发散式建链,抢占发展先机。开展未来赛道培育行动,聚焦襄阳市重点发展的优势产业,分产业研究梳理最新技术成果、前沿发展趋势、头部企业动态,每个产业选定3～5个未来发展的发力点,分产业、分领域制定转型发展方案,前瞻性谋划和布局建链项目,加快切入产业细分领域的新赛道。开展"千企万户"转型行动,分产业制定政策,鼓励企业引进新工艺、研发新技术、开发新产品、尝试新业态,推动"技术变产品、产品变产业""创意变产品、产品变产业""工艺变产品、产品变产业"。[1]

四、组织保障

强化统筹推进。构建"链长推动、链主牵引、链服赋能"三方协同机制,进一步强化"链长"主导作用,分产业每季度召开一次企业(项目)困难问题协调会,组织一次银企对接会,围绕重点企业,每周开展一次小切口、一对一产销对接活动,每半年召开一次产业链建设联席会,推动产业链"六个一"机制落地实施。进一步发挥"链主"牵引作用,每个产业培育、确定1～3家100亿级的链主企业和5～10家50亿级的骨干企业,制定支持链主企业开展链式招商的激励政策,引导链上企业向链主企业集中、集聚。进一步激活"链服"赋能作用,通过政府部门和行业协会牵线搭桥,搭建多方合作平台,力争每年组织开展一次襄阳都市圈产业合作论坛、举办一次汉江流域产业发展峰会、筹划一次中西部地区重点产业展销会、洽谈会,在更高层次推动链式发展。

强化项目支撑。围绕重点产业的短板和缺项环节,策划一批、对接一批、引进一批、推进一批、转化一批重大项目,汽车、装备制造、新能源新材料、农产品加工、医药化工、电子信息产业等重点产业每年引进亿元以上项目15个以上、开工亿元以上项目5个以上、竣工亿元以上项目5个以上,支撑重点产业突破性发展。围绕产业链重点企业谋划一批技术改造项目,着力推动以智能化、高端化、绿色化为重点的技术改造。建立项目建设全周期服务机制,实行谋划项目、招商项目、在建项目、竣工项目清单化管理,严格按照协议约定和工期进度推进项目加快建设,把重大项目资源转化为优势产业突破性发展动能。

强化政策支持。深入落实政策链,对市级现有的招商引资、技改数转、技术攻关、企

---

① 张润昊,等.基于地方科协共建的高职院校智库发展理论范式和实践创新:襄阳市决策咨询研究中心发展报告[M].对外经济贸易大学出版社,2019.

业上市、融资担保、产能提升、质量品牌等工业领域支持政策进行全面梳理、整合优化，制定形成科学高效的综合性产业支持政策体系。落实国家和省减税降费、转型发展等各项惠企助产兴业政策，全力对接争取中央、省厅在工业转型、科技创新、数字经济、质量品牌、试点示范、人才要素、汽车促销等各个专项、各个领域的政策资金支持，推动政策兑现直达企业，提高政策兑现效率。密切关注国家和省政策动向，加强与国家部委、省直部门衔接沟通，积极帮助企业向上争取国家和省级高质量发展专项资金以及各类试点示范项目支持。开展国家、省、市奖补资金专项清理工作，确保专精特新、单项冠军等重点奖补资金应兑尽兑。

第四节 以"氢"风袭来为导向

一、政策法规

近日，《襄阳市氢能产业发展规划（2023—2035年）》（以下简称《规划》）正式发布。未来，襄阳市将锚定碳达峰、碳中和目标，抢抓氢能产业规模化发展的战略机遇，抢占未来产业新赛道，统筹布局氢能产业，大力推进新能源规模化制氢、氢能基础设施建设、氢能推广应用及装备制造，积极做好氢能技术研发和引进，加快构建氢能产业体系，努力培育氢能产业生态，打造鄂西北氢能产业中心，争创湖北省氢能发展先行示范市、全国氢能发展标杆城市。[①]

《规划》构建了"一核两翼三带六基地"氢能产业发展新格局。"一核"：氢能装备研发与制造核心区，以主城区为核心，发展氢能装备研发与制造产业集群。"两翼"：以枣阳为东翼，以老河口—谷城组团为西翼，形成沿汉十轴线"两翼"发展板块。"三带"：汉十沿线氢能装备制造产业带、麻竹沿线氢能物流示范产业带、汉江氢能航运示范带。"六基地"：东津新区创新研发基地、高新区—襄州氢能商用车及氢能装备制造基地、枣阳氢能特种车辆制造及绿氢制备基地、河谷组团氢能汽车关键零部件制造及绿氢制备基地、宜城绿氢制备及下游产品精细化工基地、南漳绿氢制备及氢能新材料精细化工基地。

《规划》明确了氢能产业发展的重点任务和实施路径。统筹规划布局，稳步构建氢能供应体系，建立清洁多元的制氢体系，构建安全高效的储运网络，加快加氢站等基础设施建设。在交通、工矿、化工、建筑及市政领域加强示范引领，逐步完善多元应用体系。加大招商引资，培育壮大装备制造体系。强化创新驱动，加快构建研发创新体系。

《规划》提出，到2025年，襄阳市氢能市场初步形成，行业累计投资规模过100亿元，年产值过100亿元，氢能产业链条具备雏形。到2030年，襄阳市氢能产业链条进一

---

① 襄阳市发改委.襄阳市氢能产业发展规划（2023—2035年）[Z].

步充实完善,行业累计投资规模过300亿元,年产值过500亿元,形成具有相当规模并与周边城市协同互补的氢能产业体系。到2035年,实现绿氢制储用大规模、高比例、高质量发展,行业累计投资规模过1000亿元,年产值过2000亿元,成为具有全国影响力的氢能装备制造基地。

二、行业大势

2024年1月,氢能车在广州花都开启商业化运营。2023年11月21日,花都城投集团和东风集团红联共建推进会暨燃料电池乘用车示范运营项目验收评审会在东风日产技术中心成功召开。花都区财政局、花都城投集团、东风汽车集团、东风有限(东风日产)技术中心、联友出行科技有限公司相关领导和项目组成员等出席。

LR授予首个氢双燃料发动机型式认可。劳氏船级社授予氢双燃料发动机型式认可。这是氢双燃料发动机获得的首个型式认可。

雄韬氢雄发布团体标准引导行业规范,重塑市场格局。2023年11月23日,湖北武汉雄韬氢雄燃料电池科技有限公司在全国团体标准信息平台发布了6项新的团体标准。本次发布的标准由该武汉雄韬氢雄主导编写,是公司在标准进程中的重要里程碑。

三、国际视野

现代汽车将与伦敦大学学院合作,研发氢燃料电池、电动化等技术。2023年11月23日消息,据外媒报道,在大力发展电动汽车、氢燃料电池汽车的现代汽车,已取得明显的进展,他们的电动汽车和氢燃料电池重卡在不断出口,他们也在加大这些新能源汽车方面的研发力度,力求为消费者带来性能更好的产品。

四家企业与约旦政府开启大型绿氢项目合作。约旦能矿部(MOEM)与四家企业签署合作MOU,推进该国大型绿氢项目合作。约旦能矿部对外表示,该部已与不同机构签订3项绿氢合作MOU,叠加本次签约,已达成7项绿氢项目合作意向。

本章小结

习近平总书记曾谈到"我们必须抢抓机遇,加大创新力度,培育壮大新兴产业,超前布局建设未来产业,完善现代化产业体系。""要抓住一切有利时机,利用一切有利条件,看准了就抓紧干,把各方面的干劲带起来。"进入新时代,踏上新征程,襄阳的经济发展更要深入贯彻习近平总书记重要讲话精神,深刻领会核心要义、精神实质和实践要求,坚定信心谋发展,凝心聚力再出发,争当发展新质生产力、推动高质量发展的"排头兵"。

习言习语

办好思政课，最根本的是要全面贯彻党的教育方针，解决好培养什么人、怎样培养人、为谁培养人这个根本问题。新时代贯彻党的教育方针，要坚持马克思主义指导地位，贯彻习近平新时代中国特色社会主义思想，坚持社会主义办学方向，落实立德树人的根本任务，坚持教育为人民服务、为中国共产党治国理政服务、为巩固和发展中国特色社会主义制度服务、为改革开放和社会主义现代化建设服务，扎根中国大地办教育，同生产劳动和社会实践相结合，加快推进教育现代化、建设教育强国、办好人民满意的教育，努力培养担当民族复兴大任的时代新人，培养德智体美劳全面发展的社会主义建设者和接班人。

——2019 年 3 月 18 日，习近平在学校思想政治理论课教师座谈会上的讲话，人民网

参考文献

［1］何川.东湖评论：传承"三线精神"建功立业新时代.荆楚网.2021－03－26.

［2］襄阳政府网.传承三线精神　激发奋进力量.襄阳日报.2021－11－09.

［3］襄阳市人民政府.重塑"三线军工"新辉煌.襄阳政府网.2024－05－24.

［4］李菲.襄阳市接续主导产业发展战略研究［M］.清华大学出版社，2020.

［5］刘倩，文凌霄.稳中求进　进中取优"十三五"时期襄阳工业经济高质量发展综述［J］.襄阳日报，2021－03－16(001).

［6］襄阳市人民政府.大潮起襄阳——20 世纪 70 年代襄阳引进科技人才纪略［J］.襄阳日报，2021－08－03(001).

［7］杨东.创新驱动纺织业迭代升级——湖北襄阳市推进产业结构优化纪实［J］.中国经济网，2023－03－02.

［8］肖蕾.转型发展挺起工业脊梁——"襄阳实践"系列报道之五［J］.襄阳宣传网，2017－05－31.

［9］张润昊，等.基于地方科协共建的高职院校智库发展理论范式和实践创新：襄阳市决策咨询研究中心发展报告［M］.对外经济贸易大学出版社，2019.

［10］襄阳市发改委.襄阳市氢能产业发展规划(2023—2035 年)［Z］.

［12］"氢"装上阵！国内首台氢能源地铁施工作业车在襄阳下线［J］.

［13］湖北襄阳市氢能产业发展规划(2023—2035 年)发布［Z］.

产业襄阳实践活动记载表

姓名		班级		主题	
验证资料（图片、文字、视频等）					
准备阶段					
实施阶段					
总结阶段					

"襄"飘天下

柳扶清风香还醉,波斜光暖白鸟飞。彩虹桥上夕阳远,倚人归处落余晖。多数人知道襄阳,还是因为金庸。在他虚构的武侠世界里,江湖豪侠齐聚襄阳,与驻守襄阳近20年的郭靖一起对抗南下入侵的蒙古军队,将"侠之大者,为国为民"的豪情壮志与气魄展现得淋漓尽致。除了是历史文化名城,襄阳还是一座南北兼容的风味美食之城,在美食上,结合了南北的特色,各取所长,让每一个挑剔的食客都能在这里找到适合自己的佳肴。

第一节　回味悠长,乡愁美食——襄阳牛肉面

一、襄阳牛肉面的历史与起源

襄阳牛肉面起源于清朝康熙元年(1662年),到今天已经有300多年的历史了。襄阳牛肉面的创始人是马和瑞,回族人,他有三个儿子:马永生、马合仁和马德泰。在古代都是子承父业,他的三个儿子从小就跟着他学习这门手艺,个个厨艺精湛。为了保持祖传的味道独特和正宗,他让他的三个儿子一起去经营一家面馆,店铺的名字以他的每个儿子名字中的一个字来命名,叫"永合泰",他希望这三个儿子能团结一心,把祖传家业"永合泰"发扬壮大。在清朝嘉庆年间,永合泰老襄阳牛肉面家喻户晓。在历史典故中就有关于老襄阳牛肉面的记载:有一日,嘉庆皇帝微服私访,路过道口,顿觉疲惫,正欲返回宫中,忽闻奇香而振奋,侧身问道:"何物发出此香?"左右行人随声答道:"马家牛肉面。"随从随后将面条献上,嘉庆皇帝尝后大喜,说道:"竟有此美味,色、香、味三绝啊!"马永生独到的经营,终于使马家牛肉面的好口碑闻名于全国。从此,马家牛肉面供老百姓食用之同时成了清廷的贡品。马家世代子孙,继承并发展了祖先的精湛技艺,马家人使得"永合泰"老襄阳牛肉面一直保持着它的独特风味。随着时间的推移,襄阳牛肉面逐渐演变成了一道地方特色美食,深受当地人的喜爱。

二、襄阳牛肉面的制作工艺

襄阳牛肉面的制作非常讲究,需要选用上等的面粉和新鲜的牛肉,配以多种香料和调料,经过多道工序。首先,将面粉和水糅合成面团,然后擀成薄片,切成细条。接着,将牛肉切成薄片,用盐、料酒、淀粉等调料腌制一段时间。最后,将面条和牛肉片放入沸水中煮熟,捞出后加入牛肉汤、葱花、香菜等调料。襄阳牛肉面的口感非常独特,面条劲道,牛肉鲜嫩多汁,汤头浓郁鲜美,让人回味无穷。襄阳牛肉面还有一个特色,就是在面条上撒上一层辣椒油,让面条更加香辣可口。此外,还可以与其他食材搭配,如襄阳豆腐面、襄阳牛杂面等,让人回味无穷。襄阳牛肉面不但美味可口,而且营养丰富。牛肉富含蛋白质、铁、锌等营养成分,对身体健康有很多好处。面条中含有丰富的碳水化合物,可以提供身体所需的能量。因此,襄阳牛肉面是一道既美味又健康的美食。

襄阳牛肉面

襄阳豆腐面

三、襄阳牛肉面的现状与发展

襄阳牛肉面不仅是一道美食,更是一种文化的象征。它代表了襄阳人民勤劳、朴实、豪爽的性格特点,也体现了襄阳人民对美食的热爱和追求。此外,襄阳牛肉面还与襄阳的历史文化密切相关,是襄阳文化的重要组成部分。随着襄阳旅游业的发展,襄阳牛肉面也逐渐走出襄阳,走向全国。如今,襄阳牛肉面已经成为襄阳的一张名片,吸引越来越多的游客前来品尝。同时,襄阳的牛肉面店也在不断创新和发展,推出了更多的新品种和新口味,以满足不同消费者的需求。

四、襄阳牛肉面的未来展望

襄阳牛肉面作为襄阳的传统美食,具有广阔的发展前景。未来,襄阳牛肉面将继续保持其独有的口感和特色,同时不断创新和发展,推出更多的新品种和新口味,以满足不同消费者的需求。此外,襄阳牛肉面还将与襄阳的旅游业相结合,进一步推动襄阳的经济发展和文化传承。襄阳牛肉面是襄阳的一张名片,也是襄阳文化的重要组成部分。

为了保护和传承襄阳牛肉面文化,我们需要采取一系列措施。首先,要加强对襄阳牛肉面的宣传和推广,让更多的人认识并了解襄阳牛肉面。其次,要加强对襄阳牛肉面制作工艺的保护和传承,培养更多的襄阳牛肉面制作人才。最后,要加强对襄阳牛肉面文化的研究和挖掘,让襄阳牛肉面文化得到更好的传承和发展。

五、襄阳牛肉面的文化交流与国际影响

襄阳牛肉面不仅在国内享有盛誉,在国际上也有一定的影响力。近年来,越来越多的外国人来到襄阳品尝襄阳牛肉面,感受襄阳的美食文化。同时,襄阳牛肉面也被带到了国外,成为中国美食文化的代表之一。随着人们生活水平的提高和消费观念的转变,襄阳牛肉面的未来发展趋势也将发生变化。未来,襄阳牛肉面将更加注重品质和健康,推出更多的新品种和新口味,以满足不同消费者的需求。同时,襄阳牛肉面也将与互联网相结合,实现线上线下融合发展,为消费者提供更加便捷的服务。

第一节 焦黄香脆,酥口易化——金刚酥

一、金刚酥的发展历程

由炭火烤馍发展而来的金刚酥生产工艺,在襄阳一带已有一两百年发展历史,陶记金刚酥在襄阳也有 70 多年的历史了。最初,金刚酥是在大缸里烤出来的,焖烤就要花 3 个小时,加上和面、打碱等工序一共要花四五个小时,每缸能烤 200 个金刚酥。因为费工费时,陶家每天只能做出 2 个缸来,一共 20 多斤。

陶记金刚酥现任当家人 52 岁的陶恒富,他七八岁时就跟着父亲陶元芳学做金刚酥。为不让金刚酥失传,1992 年,陶恒富毅然从工厂辞职专门制作金刚酥。为扩大生产规模,陶恒富启用了电烤箱、和面机、封口机、打码机等机器设备,烤缸等工具先后退出历史舞台。

现在,陶恒富一天最多能生产 200 多斤金刚酥(600 多袋)。2016 年已经出现在了沃尔玛、家乐福、中百仓储等知名零售商超的货架上。为了适应市场需求,企业引入先进的机器设备,大大提高了金刚酥的产量,口味也越来越多,更好地满足了广大消费者的不同需求。

二、金刚酥的未来发展

产品出来了,该如何卖出去呢?陶恒富建立了自己的销售网络:每月襄阳火车站供货5到6件(每件120袋);向好邻居超市配送中心供销货400至600袋;还有6辆手推车在市区各个主要街区沿街叫卖。

生产中,陶恒富不断琢磨改进产品包装和开发新产品:金刚酥的包装从原来的八块装发展到现在四块装和大礼包,口味除了甜味外还增加了咸味,陶恒富还正在研制麻辣、奶油等多口味金刚酥。

2000年5月,陶恒富在国家工商总局注册了"陶记金刚"的商标。出于想搞系列产品开发的目的,陶恒富注册商标时陶没有把"酥"字加入其中。

有了商标保护,陶恒富想着把金刚酥的牌子打出去。他多次到武汉考察,希望找到销售点。一次偶然的机会,陶在武汉商场观察发现,主营食品的柜台大量出售中低档产品。

陶恒富认为这是一个进入武汉市场的好机会,找到商场商谈时,才发现自己没有准入证:商品包装的条纹识别码。回樊后,陶恒富找到市质监局咨询有关条纹识别码的申办手续。

老陶决定2014年下半年搞定"准入证"。与陶恒富的谈话中,记者了解到,2013年市里的有关旅游部门让他在全市各个旅游点销售金刚酥,但要其自行送货。

从经济、人员上算账,陶恒富认为投入太大,收益不一定好,放弃了此次机会。市内几家超市也先后找到陶恒富要求代销金刚酥,因吃过代销收不回货款的亏,陶要求现款结财,最后此事只得作罢。

现在陶家并不是每天都开炉制作金刚酥,只是在送货前赶制出来。目前,金刚酥总体销量有限,但收入解决陶家一家人的食宿没有问题。

第二节　饮酒佐餐,佳肴上品——孔明菜

襄阳大头菜,湖北省襄阳地区特产,中国国家地理标志产品。大头菜与榨菜一样,都是芥菜的变种。榨菜是茎用芥菜,大头菜是根用芥菜,雪里蕻是叶用芥菜。而芥末调料,是芥菜的种子碾磨成的。襄阳大头菜的腌制,须三腌、五卤、六晒,这一独特工艺,被授予省级非物质文化遗产。襄阳大头菜是中国四大名腌菜之一,据《中国风物志》记载,

大头菜为诸葛亮隐居襄阳隆中时所创,民间素有"诸葛菜""孔明菜"之美称。它含有丰富的氨基酸、维生素、纤维素、铁、锌、钙、磷等多种人体所需的微量元素,脆嫩味美,生津开胃,酱香浓郁,并具有下气消食、利尿除湿、解毒消肿之功效,屡获省、部及全国名优产品称号,被国务院原副总理邹家华赞为"中国一绝"。2007年9月6日,原国家质检总局批准对"襄阳大头菜"实施地理标志产品保护。

一、孔明菜的历史渊源

具有 2000 多年种植史的襄阳大头菜本为山野之物,三国时期被诸葛亮发现并引入军中广泛食用,故又名"诸葛菜"。

诸葛亮居住隆中时,有一次小染疾病,他到山上去采药,发现一种像萝卜的东西,挖起来一看又不是萝卜。只见这东西拳头大小,上大、下小,咬一口一尝,不苦不涩,细品一下,还有点辣甜。他想,地上百草能养人,这种东西若没毒,不也是好菜吗?于是,他就挖了几个带回家,叫妻子炒了一盘,想尝尝味道咋样。谁知,菜一上桌,全家人一尝,都称好吃。问叫啥菜,诸葛亮想了想说,就叫"大头菜"吧。饭后,他又挖了一些,栽在躬耕田里。从此,诸葛亮一家经常吃大头菜。

有一年风调雨顺,诸葛亮种的大头菜长得又肥又大,秋后收了一大堆。襄阳人储存剩菜的办法就是腌制,诸葛亮将大头菜洗净凉干腌了一缸,第二年拿出来一尝,竟比新鲜的还美味。后来,诸葛亮辅佐刘备联吴抗曹,士兵没菜吃,常使刘备发愁。诸葛亮就派人到襄阳买大头菜。大头菜携带起来方便,吃着有味,刘备非常喜欢。从那以后,每逢大战之前,刘备就派人到襄阳买大头菜,他的士兵一直没有缺过菜吃。此后,襄阳的大头菜越来越有名气,人们自然想到了诸葛亮,为了不忘他的功劳,大家就把大头菜叫"诸葛菜"。

对于大头菜的优点,唐代著名诗人刘禹锡曾有精到的论述。他在《嘉话录》中说:"越西州界缘山野间,有菜,大叶而粗茎,其根若大萝卜,土人蒸煮其叶而食之,可以疗饥,名之谓诸葛菜。云武侯南征,用此菜莳于山中,以济军食。"

到了近代社会,不少地方,尤其是盛产"孔明菜"的襄阳地区,曾经出现过许多有名的酱园场(手工作坊)加工制作这种俗称"大头菜"的"孔明菜"。

2005年3月,襄阳市质监局对拟定保护区域的各乡镇的典型气候、土壤、水源、空气等进行取样调查、检验检测,在此基础上,组织制定了湖北省地方标准《襄阳大头菜》,并于2006年3月发布实施。2014年,襄阳市食药监局牵头起草了省级食品安全地方标准《襄阳大头菜地方标准》。

二、孔明菜的特点和营养价值

襄阳大头菜是湖北省襄阳市的特产,以东津镇与双沟镇所产大头菜最为有名。主要材料为芥菜,经过特殊工艺腌制而成,主要分五香味与普通味两种。由于襄阳大头菜主要用盐腌制而成,因此能存放较久,一般可存放半年以上。

大头菜一般经选料、初晒、拌料、复晒、加料、密封和腌制等工序加工而成,加工后的大头菜只有原重量的四成左右。存放越久味越香。腌制后的大头菜呈黄褐色,甘咸适中,香而微酸,脆嫩可口,生吃、炒吃均可,切丝与肉丝共炒,其味更美。

"孔明菜"营养价值丰富:① 菜含有丰富的维生素和大量的微量元素、糖类、蛋白质等。② 含有丰富的食物纤维,可促进结肠蠕动,缩短粪便在结肠中的停留时间,防止便秘,并通过稀释毒素降低致癌因子浓度,从而发挥解毒防癌的作用。③ 含有一种硫代葡萄糖甙的物质,经水解后能产生挥发性芥子油,具有促进消化吸收的作用。④ 具有一种特殊的鲜香气味,能增进食欲,帮助消化。⑤ 有清热解毒、抗菌消肿的作用,能抗感染和预防疾病的发生,抑制细菌毒素的毒性,促进伤口愈合。⑥ 能利尿除湿,促进机体水、电解质平衡。⑦ 因其性热,还可温脾暖胃。⑧ 含有大量的抗坏血酸(维生素 C),是活性很强的还原物质,参与机体重要的氧化还原过程,能增加大脑中氧含量,激发大脑对氧的利用,有醒脑提神、解除疲劳的作用。

第四节 鲜嫩爽口,麻辣鲜香——宜城大虾

一、宜城大虾的历史

20 世纪 80 年代初,宜城开始出现一种大虾。因这种大虾繁殖生长快、耐力强,很快在堰塘湖汊、田间沟渠都出现了褐红色的大虾。这种大虾吃藕荷、啃秧苗、破田埂、打水洞,于是乡村出现"谈虾色变"的现象。宜城市雷河镇鄂西化工厂的几位下岗职工开了家小吃店,他们将收来的大虾进行加工,用刷子洁净虾身的脏物,去其内脏,油锅干炒

后,配以麻辣为主的花椒、八角、辣椒、蒜、姜等佐料烹煮,中途添加若干个鸡蛋及虎皮青椒,当味道全部渗透到大虾体内出现麻辣香味时,就连汤带虾倒入大盆,直接端上餐桌,没想到顾客赞不绝口。

麻辣香酥、味道独特的宜城大虾迅速走红,走出鄂西,走向全国。每到夏天,宜城的大排档座无虚席,客人们在习习凉风中,一面尽情地吃着大虾、喝着啤酒,一面谈笑风生,快乐无穷,成为一道靓丽的美食文化风景。

二、宜城大虾的制作方法

宜城大虾的主料:鲜活大虾 3 千克。宜城大虾的配料:干红辣椒 200 克,葱白 100

克,大蒜仁50克。宜城大虾的制作过程:首先把大虾洗干净,用一个大盆盛满清水,用手抓住大虾的尾部,用刷子把虾子的腹部和头部使劲刷干净。用剪刀剪开虾子的头部,把头部里面的泥巴清理干净。用手拉住虾子尾部三个尾巴中的中间一个,把肠子给拉出来。用水反复洗,等洗出清水后,放入烧开的热水中煮5分钟。捞起来再用清水冲洗,等待入锅。准备佐料:花椒、红辣椒、青椒、大蒜、生姜、葱花等。油烧热后,放入花椒,要多放一点,怕麻的可以少放点,等花椒烧煳后捞起来。大火,放入红辣椒、大蒜、生姜,然后放入虾子翻炒。等香味出来后,放入盐、调味料、葱花、青椒,继续翻炒。大虾变鲜红无水分后加盐、八角、砂仁、草果,兑开水淹住大虾,大火焖10分钟,再加葱段、大蒜、白糖、姜片、青椒、味精,再焖10分钟,起锅即食。宜城大虾的鲜明特点是色泽鲜红光亮、麻辣扑鼻、香嫩、生津开胃。肉质细嫩、味道鲜美、营养丰富的宜城大虾是最受宜城人欢迎的美味佳肴之一。

三、宜城大虾的特色吃法

俗话说,三百六十行,行行有门道。吃宜城大虾也不例外。步入虾店,宜城大虾一登场,人们往往会发出惊呼声。宜城人装虾用的不是碟子、盘子,而是大盆。那堆得满满的虾子,红艳艳的,香味扑鼻,看着就让人流口水,让人禁不住诱惑,顾不上矜持,挽起袖子,手抓大虾就往嘴里送。不过,这是性急人的吃法,往往难品虾中三味。要想吃出至味、吃出诗意、吃出艺术,须学会"四招":

"吮",对于吃宜城大虾的人来说,吮虾是必不可少的一步。这是因为,宜城大虾是用养殖的龙虾为主料,配花椒、八角、辣椒、白芷、丁香及多种中药材,放入葱段、姜片、大蒜,加入料酒、盐、糖、味精和宜城调料,用热油烹饪而成的。汤汁清亮,香味浓郁,虾香虾味,尽在其中。戴上店里发的一次性手套,随手拎起一只大虾,两手稍举于前,低头用嘴慢慢吸遍虾身,细细品尝上面的料汁。只觉得一股呛人的麻辣香味,由舌尖迅速蹿遍全身,刺激着疲惫的神经;一团燥热喷薄欲出,在肌肤上凝出一滴滴汗珠,让人忍不住大呼过瘾。

"掰","铁甲钢螯一世雄,须髯似戟势若龙",这两句咏虾诗生动形象地描述了宜城大虾的体貌特征。因此,要吃好宜城大虾,掰虾就显得至关重要。掰虾,一般分三步走:一掰虾头、二掰虾尾、三掰虾腿。吃虾时,两手抓虾,暗暗使劲,力道一定要拿捏得刚刚好。重一点,难免会黄流汁溅,令人失色;轻一分,有可能和熟虾较劲半天,难伤半毫。为此,有人总结出了这样的口诀:腿张大,头朝下,用双手,把虾拿,先掰头,后尾巴,巧用力,拧螯爪。这样一来,如同庖丁解牛一样,就将头戴钢盔、身穿铁甲的大虾分成几块,然后大快朵颐了。

"挑",面对分成几块的大虾,你不能性急,要状如淑女,像吃西餐一样,借助别的武器,慢挖细挑。这武器,就是虾身上的虾螯尖。雌虾黄多,雄虾肉厚。将虾头与虾身扭断,掰开虾头壳,最诱人的虾黄就暴露在你的眼前。用虾螯尖挑出虾黄,吮入嘴中,美妙滋味从舌尖蔓延到舌根,令人回味无穷。剥去虾尾甲,用虾螯尖小心翼翼地挖出一团粉嫩鲜甜、富有弹性的虾仁,塞入口中,膏腴肓香,余味不绝。再饮几口小酒下肚,那畅快淋漓的劲儿，让人无不为之口服心服。

"嗑"，吃虾的人都知道，虾腿最难对付。所以很多人嫌麻烦，就将其随意丢掉。其实，虾腿中的肉洁白细嫩，味道比之虾仁更为鲜美，弃之实在可惜。吃虾腿的诀窍就在于手嘴并用，牙齿稍许用力，像"嗑"瓜子一样，先嗑开虾腿两端硬壳，再用虾鳌尖从底部一顶，往里捅几下，肥嫩的虾腿肉就出来了。轻挑入口，细细品味，余香绕口，三日不绝，快活似神仙。

这时的你，满手流香，满嘴流油，满头大汗，满面春风，却仍不满足，一定会满口嚷嚷着，再来一满盆宜城大虾。

第五节　遇见美食，"襄"味独特

一、襄阳缠蹄

襄阳缠蹄，是湖北省襄阳市的特色小吃，亦是传统佳肴。将猪蹄肉用多种香料腌渍数天，后用细麻绳缠紧在通风处吹晾，数日后即可取下煮熟食之。此菜多用于冷盘拼盘，色泽红亮，肉质清香，筋道十足，佐以姜丝米醋，香味醇厚，余味悠长，是下酒的好菜。

襄阳缠蹄的制作过程虽然烦琐，但每一步都充满了匠心独运。从选材到腌制，再到缠紧和煮熟，每一个环节都需要严格掌控，才能制作出一道口感与香味兼备的襄阳缠蹄。正是因为这种严谨的制作工艺，才使得襄阳缠蹄成为襄阳的一张美食名片。

在品尝襄阳缠蹄时，可以搭配一些调料，以增加口感和味道的层次。例如，可以搭配一些蒜泥、香醋、辣椒等调料，让口感更加丰富多样。此外，襄阳缠蹄还可以与其他食材一起烹饪，如炖汤、炒菜等。

总之，襄阳缠蹄是一道不可错过的特色小吃。它不仅具有诱人的外观和美味的口感，更代表了襄阳这座城市的独特文化和历史。如果你有机会来到襄阳旅游，一定不要错过这道令人陶醉的美食佳肴。

二、襄阳夹沙肉

主要食材和烹饪方法：襄阳夹沙肉的主要原料是猪的五花肉和绿豆沙。制作过程中，将豆沙夹入肉片中，蒸至酥软上桌。制作过程中需要注重选料、刀功和火候的掌握。

味道和口感：襄阳夹沙肉成菜后，色泽金黄，外酥里嫩，肥而不腻，香甜爽口。它融合了肉和豆沙的香甜，口感糯软，具有独特的甜食蒸菜风味。

菜品的文化意义：襄阳夹沙肉是襄阳地区宴席上受欢迎的一道甜食蒸菜，制作精细，味道独特。作为宴席名菜，它在襄阳的酒席宴会上经常出现，展示了襄阳地区的烹饪技艺和美食文化。

三、宜城酱板鸭

主要食材和烹饪方法：襄阳宜城酱板鸭的主要食材是宜城板鸭。制作过程中，将宜城板鸭放在蒸架上，加入姜片、料酒，蒸熟后刷上麻油，剁成小块装盘。

味道和口感：襄阳宜城酱板鸭烹制好后，肉质鲜嫩，口感滑嫩，肥而不腻。它具有独特的香味，加上麻油的浓郁香气，板鸭肉更加美味可口。

菜品的文化意义：襄阳宜城酱板鸭是襄阳地区的传统名菜之一，具有悠久的历史和独特的烹饪工艺。它是宜城地区的地方特色美食，代表了该地区的烹饪文化和饮食传统。

四、三镶盘

主要食材和烹饪方法：三镶盘以猪肝、猪排骨和猪脑为主要食材。制作过程中，采用炸的方式，将紫芥、排骨和脑泡分别炸制，每道菜保持各自的特色，形成一盘三种菜的组合。这种独特的制作方法使得三镶盘成为一道独特的菜品。

味道和口感：三镶盘的每一道菜都经过炸制，虽然含有油脂，但并不腻口。各种菜肴的口感丰富，炸制后的猪肝、猪排骨和猪脑都保持了鲜嫩的口感，味道浓郁，适合搭配米饭一起享用。

菜品的文化意义：三镶盘作为襄阳的传统名菜，代表了该地区的烹饪文化和饮食传统。它展示了襄阳独特的炸菜技艺，以及对食材的巧妙运用和创新组合。三镶盘的制作工艺复杂，凸显了襄阳人民对美食的追求和对烹饪技艺的传承。

五、南漳猪油饼

当地有句民谣："猪油饼，八卦汤，给个县长都不当。"

制作猪油饼的主要原料是发面、生猪肠油等。

南漳猪油饼制作方法：首先，揉面发酵。面剂子放入盆内，加水，放面粉，加适量的碱，拌和搅匀，用手将面粉揉成团；案板上撒些干面粉，将面团从盆内移到案板上继续揉，揉到表面光滑为止；其次,将发面搓成条,切成馒头状,揉拉成扁条状,不可太薄。再次,用预备好的凉开水将盐、生姜粉、五香粉、小茴香粉、八角粉、花椒粉等馅料拌匀抹上。接着加上猪肠油,再放入切好的大葱卷起。然后将其揉搋成片状,将一面抹上一层芝麻。最后,贴进陶缸做的炉膛里,以木炭火一次烤熟(不翻面)。出锅后涂抹秘制辣酱口感更佳。

本章小结

当前,随着科技文化相互渗透,襄阳餐饮市场迎来了新的春天。在标新立异、树立品牌、争抢商机的情况下,各种菜系和各种动物性、植物性原料、调味原料、辅助原料、外国原料大量涌入餐饮市场,带来了全国和世界各地不同的饮食风味和风格。

"食以味为先",这是人们品评美味的基本标准。咸香微辣,原汁原味,是襄阳菜点的精髓,是数千年饮食文化的积淀。是主流,是特色。襄阳菜点品种繁多,一类菜突出咸香微辣,一类菜突出原汁原味,另一类菜两者兼而有之,合烹共炊,令人齿颊留香,魂牵梦萦。

襄阳菜就像襄阳人一样朴实、厚道。她兼收并蓄、博采众长,使你中有我,我中有你,包容了其他菜系、菜点,也同化了其他菜系、菜点,使襄阳菜更具有地方性、特色性。襄阳菜像风、像云,随四季变换、随主料更替,随客而定,而风味不变,特色不变。更像汉江水,日夜流淌,奔腾不息,主流从不枯涸,航向永远不变,直奔长江,融入大海。

习言习语

解决好吃饭问题、保障粮食安全,要树立大食物观,既向陆地要食物,也向海洋要食物,耕海牧渔,建设海上牧场、"蓝色粮仓"。

——2023 年 4 月,习近平总书记在广东考察时指出

坚持大农业观、大食物观,积极发展特色农业和农产品加工业,提升农业产业化水平。

——2024 年 3 月,习近平总书记在湖南考察时强调

"襄"飘天下实践活动记载表

姓名		班级		主题	
验证资料（图片、文字、视频等）					
准备阶段					
实施阶段					
总结阶段					
襄遇有礼					

第三章

薪火"襄"传

　　襄阳作为湖北省重要的革命老区之一,土地革命战争时期,襄枣宜列为全国十二块红色根据地之一,在中国革命史上占据重要地位。在长期艰苦卓绝的革命斗争中,襄阳留下了众多革命遗址,据省、市文物部门和党史研究部门普查有110多处。这些革命遗址,是历史的见证,承载着重要历史人物的英雄业绩和重大事件,具有特殊的社会价值、教育价值。

第一节　昨日循光——雄关漫道真如铁

一、襄阳之光——革命者成为光,凝聚力量

　　萧楚女(1893—1927年),男,原名肖秋,字楚女,湖北汉阳人。萧楚女之所以要改名,跟他的人生选择是分不开的。他19岁就参加了武昌起义,成为一名坚定的反封建反殖民统治的革命党人。早在参加辛亥革命之前,萧楚女就曾英勇参加过湖北新军的反清斗争,但遗憾的是革命没有成功,革命党人惨遭杀害,被迫流散。为保存革命力量,萧楚女隐藏到乡下,在这段流亡的日子里,革命失败没有令他丧失信仰,相反,他刻苦自学,读了许多古今中外的书籍,其中屈原的楚辞,《离骚》里有两句诗深深打动了他。"朝吾将济于白水兮,登阆风而继马,忽反顾以流涕兮,哀高丘之无女。"这两句诗表达了作者屈原感叹世界没有精神信仰的失落情怀。这里的"女"是屈原心中的救国人才,也代表着屈原的抱负。因自己的家乡湖北是古楚国之地,他便将自己原来的名字改为"萧楚女",以此明志。

萧楚女

　　1922年,萧楚女加入中国共产党,是中国社会主义青年团的创始人之一。1920年夏天,萧楚女在湖北省立二

师范任教,向学生传播马克思主义和科学社会主义理论,在国文教学中以鲁迅的《狂人日记》《风波》《阿Q正传》等作为教材,每逢星期天举办时事讲座,主要介绍俄国十月革命,曾组织学生响应列宁废除沙俄与清政府签订的一切不平等签约的宣言,致电北平敦促北洋政府与工农俄国恢复邦交。萧楚女主持改组学联,并亲自为襄樊学生自治联合会起草章程。对于萧楚女的革命活动及在学生中的影响,敌人十分恐慌,扬言:如不肯离开襄樊就将被逮捕。

　　1923年,萧楚女离开襄阳去四川工作。鹿门中学的学生对他十分怀念,纷纷建议"二师"校方重新聘他来襄樊任教。1924年,萧楚女第二次来襄樊任"二师"教师,由于受到军阀的迫害,同年3月萧楚女被迫第二次离开襄阳,辗转到广州协助毛泽东在"农讲所"讲学,并任黄埔军校政治教官。1927年,国民党背叛革命,萧楚女于同年5月在广州被捕遇难。他走了,虽然英年早逝,但千古流芳。他生得伟大,死得光荣!正如萧楚女给自己的人生定位那样,他是一支照亮别人的"蜡烛"。

　　吴德峰又名吴士崇,曾化名吴铁铮、戚元道。1896年6月21日,吴德峰出生于湖北保康县一个当地有名的官宦之家。1919年12月,吴德峰任湖北省长公署第一机要股科员。

　　工作期间,他经常到陈潭秋、恽代英等人创办的利群书社阅读《共产党宣言》《社会主义史》《共产主义ABC》等进步书刊,时常关心国家大事,思索救国救民的真理。1927年4月12日、7月15日,蒋介石、汪精卫先后发动"四·一二""七·一五"反革命政变,吴德峰利用职务掩饰,多方了解国民党反共动向,为保卫共产党员和进步人士做了大量工作,尽可能减少了同志们的流血牺牲。在大革命失败后的革命低潮时期,面对国民党反动派赶尽杀绝的屠戮政策,有些人看不到光明前

吴德峰

途,意志消沉、脱离革命,有些人甚至背叛革命、背叛党,充当了反革命刽子手。"疾风知劲草,板荡识诚臣。"面对国民党的白色恐怖,吴德峰毫不畏惧退缩,而是坚定自己的共产主义信仰,决然抛却显赫背景,毅然丢弃荣华富贵,为了救国救民,为了党的事业,义无反顾地踏上艰苦的革命征途。在土地革命时期的最初两年,吴德峰东奔西走、南征北战,先后辗转鄂南、赣北,组织发动农民起义;还奔赴河南消灭叛徒特务,恢复重建党的地下组织。

　　新民主主义革命时期的绝大部分时间内,我党是不被允许合法存在的,党内交通工作一开始就处于秘密的、非法的地位,斗争异常复杂、工作异常艰辛。但吴德峰不畏艰难、不辞劳苦,甘于服从党组织安排,于1929年担任了中共中央外交科科长,从此走上了地下秘密战线之路。其后至1935年历任中共中央交通局局长,中华苏维埃共和国政治保卫局湘赣省分局局长,中国工农红军二、六军团政治保卫局局长等职,为保卫党中

央和中央机关的安全，为沟通中央与革命根据地的联系，为开创党的秘密交通工作，做出了杰出的贡献。

在襄阳这片红色的土地上，还有很多为革命付出生命的烈士。2014年9月1日和2015年8月24日，民政部公布了第一批300名、第二批600名在抗日战争中顽强奋战、为国捐躯的著名抗日英烈和英雄群体名录。有五名襄阳籍的抗日英烈位列其中，他们是罗忠毅、唐克威、朱大山、刘治国、杨威。

罗忠毅，1907年出生于襄阳。1927年入冯玉祥部当兵。1931年随国民革命军第26路军到江西，同年12月参加宁都起义，编入中国工农红军第5军团。1932年加入中国共产党。1934年10月中央主力红军长征后，罗忠毅留在闽西南地区坚持了三年极其艰苦的游击战争。抗日战争全面爆发后，罗忠毅任新四军第2支队参谋长、江南指挥部参谋长，参与创建以茅山为中心的苏南抗日根据地。谭震林曾赞扬罗忠毅"是一位很好的参谋人才"。

唐克威，1913年6月7日生于枣阳七方镇徐桥村一个没落的地主家庭。1932年考入北平大学法商系。1934年加入中国共产党。1939年9月，任中共冀南区委党校校长。1940年，任冀鲁豫边区八路军办事处主任。1942年，相继任冀鲁豫五分区和八分区中共地委书记兼军分区政委。

杨威，原名欧阳英，也被称为"襄阳的赵一曼"，1921年10月8日出生于襄城区欧庙镇文坰村的一个读书人家。1934年，欧阳英考上襄阳湖北省立第五中学。1936年，鄂西北抗日群众救亡运动高潮迭起，她将自己的名字改为欧阳克敌，以示抗日杀敌决心。1938年，欧阳克敌在襄城钟鼓楼图书馆加入中国共产党。

杨威(右)在襄樊五中时期

正是这些不怕困难、不怕牺牲的革命者，成为一束温暖的光，凝聚起几万万人为求得民族独立和解放的强大力量。

二、襄阳之火——建设鄂西北革命根据地

襄阳市襄州区峪山镇大月儿冲(如今星火村),是红九军二十六师旧址。据了解,1931年湖北省地下党组织在峪山镇姚岗村成立了苏维埃县政府,成为原襄阳地区反封建、反压迫的中流砥柱和战斗堡垒。

"八七"会议以后,在湖北枣阳成立的鄂北特委,曾发动秋收起义,但遭受失败。1928年春,枣阳农民武装有了发展。5月,成立了工农革命军第九军鄂北总队,总队长程克绳。共300余人,200余支枪。后遭敌军"会剿",8月底失败。1930年春,在张秀阡、程克绳等人领导下,武装斗争逐步恢复发展。成立了襄枣游击大队,大队长李宗贤,副大队长谢光武,共500余人。这时,中共中央派聂洪钧到襄北加强领导,成立了襄北特委,书记聂洪钧。1930年4月15日,中央军委指示,应从速集中鄂北的武装组织为第九军。6月,在鄂北枣阳正式成立了中国工农红军第九军第二十六师。师长程克绳,(后)张香山,师政治委员张秀阡。不久,第二十六师进攻黄龙受挫,张秀阡牺牲,部队剩下300余人枪。9月,根据中共中央指示,襄北特委与豫南特委合并为鄂豫边特委,书记郝久亭。同时,成立了鄂豫边革命委员会,主席程克绳。建立起鄂北革命根据地。红九军第二十六师,师长赵侗,政治委员余益庵,参谋长何尚志。同年冬,敌人发动了军事"会剿"。第二十六师和地方赤卫队英勇奋战,打击敌人。

1931年年初,师长赵侗牺牲。程克绳率部队渡过汉水转移到南嶂地区活动。3月,第二十六师返回枣阳地区,逐步恢复了革命根据地。8月,湘鄂西的红三军挺进鄂西北开展工作,第二十六师乘机发展扩大。9月,红三军第九师进至鄂北与红九军第二十六师取得联系。第九师抽出部分干部及100余支枪充实二十六师。派马三光担任师政治部主任,建立了政治工作。10月,全师共有500余人,400余支枪,由吴寿青继任师政治委员。

1932年3月,红九军第二十六师改称为第一纵队(第一路游击军),另由地方游击队合编为第三纵队。在反"围剿"作战中,部队遭受重大损失。6月上旬,红九军第一纵队减员到100余人枪,转移到马武山一带打游击。10月,红三军从洪湖突围,途经鄂北时,留下一部分武装同红九军第二十六师余部合编为襄北独立团,共500余人。随后,在钟祥、随县山区坚持斗争。

1938年至1939年,余益庵恢复组织关系后,先后任中共襄东特区委组织委员、中共襄枣宜县委书记、随枣抗日游击总队总指挥、中共随枣地委组织部长和军事部长等职,集中抓党组织整顿,建立统一战线和发展抗日武装等工作。

1940年7月,余益庵任中共随枣地委书记。他积极开展统战工作,全力以赴地建立交通联络情报网。先后建立了5个中心交通站、80多个分站,使中央、中原局到鄂豫边区党委的交通联络工作畅通无阻。

1941年7月,余益庵兼任鄂北游击支队政治委员、参谋长。同年9月,任鄂北游击总指挥部总指挥长。

1942年5月,国民党第五战区执行蒋介石密令,调集近10万人部队,向随南白兆

山抗日根据地进攻。鄂豫边区党委和五师司令部为保存力量,决定主力部队向鄂东转移,留四十五团和随枣地委领导的地方部队坚持游击战争,牵制敌军主力,为边区党委、五师机关和主力部队安全转移创造条件。期间,余益庵领导随枣地委及地方部队作战先后达上百次,歼敌1200余人,缴获了一大批武器弹药,圆满完成牵制敌人、掩护主力部队转移任务。8月,余益庵调任新四军五师民运部长。随后在1943年至1945年先后出任鄂豫边区行政公署人事处长兼工农处长、行署政纪检查团团长、中共鄂北地委委员、鄂北专员公署专员等职。1946年6月,随中原军区北路部队突围转战各地。1947年12月,随解放军第十纵队挺进鄂北,为开辟新解放区,组建县区乡政权做出了突出贡献。中华人民共和国成立后,余益庵历任襄阳行政区专员公署副专员、专员,湖北省民政厅厅长,中国盲聋哑协会主任,湖北省政协副主席等职。

在襄阳工作期间,余益庵对襄阳地区新中国成立初期的政权建设、党的建设和地方经济恢复工作做出了重要贡献。

三、襄阳之力——南城北市发展地方产业

1949—1965年经济恢复期,作为新中国成立后湖北省设立的首个城市,襄阳市经历了专署直辖、省政府直辖(1950年5月襄阳地区与襄樊市实行地市分家)、复归专署直辖的三个阶段区划变动。尽管区划调整较多,但省、地、市三级仍然推动城市完成了历史转变,从传统手工业迈向机械化加工工业、重工业新时代,驱动整个地区走向现代化。

1951年7月,襄阳地区最大的交通工程——樊城护城河解放大桥通道项目在四官殿一带开工,这项工程由襄樊市失业工人救济委员会组织本地群众建设,桥梁类型为石桥,长21米,宽9米,工期4个月。11月1日,东连鹿角门街、西接火巷口街的解放大桥竣工,两端通达樊城周边乡村,后来形成了著名的樊城老字号商业街——解放路,也是襄阳首条"解放"元素公路。1952年开始,一批以机械化加工为特征的轻工企业在襄阳市应运而生,在万户到施家营一带兴建了襄阳地区第一个工业区,地方产业得到迅速发展。1958年,襄阳市"水火并进",一是首座炼铁炉架了起来,为地区重工业史添加浓墨重彩的一笔;二是"襄江一号"试航成功,构成汉江水上运输、水上应急服务体系。

20世纪60至80年代中国工业发展史上,我国的"三线"建设是一个重大经济建设战略。除了巨额的投资,还有400多万名工人、干部、知识分子、解放军官兵和无数的民工建设者,响应党的号召,在"备战备荒为人民、好人好马上三线"的时代号召下,从城市或发达地区到内地和山区的深山峡谷、大漠荒野参加建设,服务国家,服务山区人民。

襄阳市是我国三线军工单位比较集中的城市,是国务院确定的三个军转民试点城市之一,军工企业主要集中在市郊、南漳、谷城和老河口等县市。有国营汉丹电器厂、建昌机械厂、漳河机械厂(襄重)40多家。军工企业为增强国防实力,为襄阳的经济社会发展,改善我国中西部地区工业做出了巨大贡献。在建设过程中形成了独特的"艰苦创业、无私奉献、团结协作、勇于创新"的"三线精神"。1966年2月6日,襄阳地委、专署《关于下达一九六六年国民经济计划的通知》指出:"按照中央工作会议精神,'三五'建

设方针必须立足于战争,把国防建设放在第一位","要积极支援国家在我区的'三线'建设,力争提前建成地方军事工业"。地委经常性地召开由"三线"单位党委负责同志参加的座谈会,就"三线"厂房建设、干部管理、教育卫生、工农关系、保卫保密、家属落户就业、子女上学、后勤保障等问题进行具体研究,并予以妥善解决,有力推进了"三线"工程项目建设。全地区干部群众以高度的政治觉悟,克服种种困难支援国家"三线"建设。

20世纪70年代末,全国大批优秀科技人才和技术工人、高才生集聚襄阳,在襄阳开创了最早的人才大潮,社会经济得到高质量发展,使襄阳成为全国中等城市发展地方工业的领军城市——中国十大明星工业城市。

中央和有关部门领导不仅多次听取襄阳"三线"建设汇报,而且从人力、物力、财力等方面给予大力支持。1971年1月19日,毛泽东亲笔签发至各大军区的电报,对设于襄阳的610研究所建设问题明确指示,要求"所需施工力量,请有关军区进行研究安排"。1972年3月17日下午,周恩来、叶剑英、李先念等党和国家领导人,在人民大会堂新疆厅听取襄阳等"三线"军工单位工作汇报。

1974年11月5日,湖北省委领导同志来襄阳指导"三线"建设。在听取有关汇报后,赵修同志指出,三三〇、八二七、二汽、〇七工程都要搞好。"三线"建设的观点一定要强,襄阳要适应"三线"建设,还必须把农业搞上去,农业"四化"要靠"三线"。11月7日,在地直和襄樊市局以上干部会议上,赵辛初同志指出,襄阳地区具有重要的战略意义,二汽建设好,对湖北省的工农业就是个大促进。建设"三线",相应地就是要建设地方工业、支农工业,要有决心和信心搞好工业化,地、市委要加强对"三线"厂的领导。1964年,党中央、国务院决定修建襄渝铁路。1968年6月和1969年6月,毛泽东在武汉两次要求打通襄阳入川的铁路,并指示湖北、河南两省尽快修建焦枝铁路。作为国家铁路干线的焦枝铁路,全长753.3公里,1970年7月建成通车。

当年,湖北境内的莫家营至胡家营开工。1973年10月,襄渝铁路全线贯通。至此,汉丹、焦枝、襄渝3条铁路在襄阳交会,形成铁路枢纽。

襄渝铁路仙人渡汉江铁路大桥全长1 600多米,东起老河口的仙人渡镇,与汉丹铁路相接,西到谷城县的格垒嘴,当时为了保密称作汉江六一二大桥,是襄阳境内最关键的工程之一。广大建桥工人鼓足干劲,日拼夜战,使得工程提前半年竣工,1969年4月1日胜利实现试通车。襄渝铁路由此首跨汉水,打开了蜀道第一道关口。

襄阳汉江一桥是焦枝线上的特大型铁路、公路两用桥梁,原计划三年建设工期,最后仅用两百多天就建成竣工。1970年4月26日,襄阳汉江大桥铁路桥通车。同年5月20日,襄阳汉江大桥公路桥通车。

襄阳"三线"建设规模大、速度快、行业全。从1962年到1970年7月,国家先后在襄阳市区兴建了江汉机械厂、宏伟机械厂、卫东机械厂、汉丹电器厂和两个高规格的研究所,还修建了为"三线"配套的战备物资储备仓库,在宜城兴建了东方化工厂、华光器材厂、鄂西化工厂,在南漳兴建了江华机械厂等,在谷城兴建了红星化工厂(航天四十二所)、红山化工厂、为空军配套的飞机发动机大修厂,在光化(现为老河口市)兴建了江山机械厂等一批军工厂,还建设了六〇三印刷厂、襄阳棉纺织印染厂以及供水、供电等一批为"三线"建设服务的民用企业。这些企业在航空模拟、环境控制、无线电遥测、自动控制、计量检测和高分子解剖、合成技术等方面都处于国内领先水平。

襄阳地区作为国家"三线"战略后方基地,得到了中央、省委和人民群众的极大关注与支持。在那个特殊年代,在党的指引下,襄阳地委带领全区人民与军工企业团结一致,艰苦奋斗,组织动员八方力量,克服重重困难,支持"三线"建设,取得了巨大成就。"三线"建设留给后人的不仅是物质遗产,更有宝贵的精神遗产。这种精神财富在社会主义现代化建设的今天,仍然弥足珍贵,足以鼓舞后人。

20 世纪 80 年代初期的襄阳火车站全貌,现在看似觉得没有亮点,但在当时是一座宏伟的建筑,直到如今,全国部分城市(如广州、长沙)火车站都还是这种款式。那个时候,家用车很少,人们出行主要靠公交车、自行车和步行,少量停车位足够车辆停放,广阔的场地在平常还是活动举办地。后来,襄阳火车站新建了出站口,对车站外形进行古典样式改造,火车站广场改造为公共停车场和出租车停靠站,修建了前进路地下通道及前进路与中原路过街天桥,扩大了火车站公交站场。这些工业基础设施为襄阳的飞速发展奠定了坚实基础。

第一节　今日追光——人间万事出艰辛

一、追随之光——传承学习优秀革命精神

1920 年及 1924 年,萧楚女两度来襄阳,在当时的湖北省立二师(现昭明小学所在地)任教,播撒革命的火种。2008 年,在襄城区委、区政府的高度重视下,校园西南角新建了"萧楚女生平展厅"。襄阳市昭明小学是一所具有光荣革命传统的百年老校。走进昭明小学西南角这处幽静的院落,仰望无产阶级革命家萧楚女的铜制塑像,他在此执教时的人生格言仿佛又在耳边响起:"人生应该如蜡烛一样,从顶燃到底,一直都是光明的。"

"萧楚女生平展厅"珍藏了萧楚女生前的部分作品、活动照片及生活用品。展厅先后被评为"湖北省爱国主义教育基地""湖北省红领巾实践基地"等。学校成立了"红烛文化讲解团",在高年级学生中开展争当"金牌讲解员"活动,组织小讲解员走向襄阳市博物馆、古城墙等地开展宣讲萧楚女事迹的活动。讲解团成立 17 年来,先后培养出200 多名优秀小讲解员。2013 年,讲解员黄梓鑫荣获第三届"全国十佳红领巾小导游"和"湖北省美德少年"荣誉称号;2015 年,讲解员周刘彤荣获第四届"全国红领巾小导游"50 强和"襄阳市美德少年"荣誉称号。

展厅也是昭明小学"萧楚女中队"的活动基地。2006 年,学校推行"萧楚女中队"值周制度。"萧楚女中队"是流动的,他们在升旗仪式上升值周中队旗,发表值周宣言,结合时事新闻进行"国旗下演讲"。同时,"萧楚女中队"的学生协助大队部管理少先队事务、开展各种活动,对其他中队实行量化考核,利用"值周中队服务岗"阵地,发挥先锋模范

作用。2020年11月,中央电视台《新闻联播》再次报道昭明小学"全国文明校园"风采。

昭明小学把爱国主义教育与教学科研相结合,使爱国主义教育逐步走向制度化、系列化、规范化。大队辅导员刘茜执教的《红领巾相约中国梦》获得湖北省首届少先队活动课说课赛一等奖。学校承担的省级课题《"红烛"照亮孩子成长的道路——以萧楚女文化为依托有效开展德育》获得湖北省优秀课题;全国科研课题《萧楚女精神引领下的少先队爱国主义教育主题活动研究》已结题。

以"红烛"精神为依托开设校本课程。2015年,昭明小学开发校本课程"萧楚女的故事""昭明情少年梦"等,引导学生学习红色校史、弘扬萧楚女革命精神。学生通过讲故事、演讲、书法、绘画、手抄报、写调查报告等形式来阐述他们眼中、心中的萧楚女烈士,切实提高了教学活动的实效性。学生演讲稿和《国旗下讲话》发言稿被集结成一本《红色足迹》文集。

组织开展"红色课堂"教育活动。学校邀请了襄阳市老区建设促进会的老党员苏家德为师生讲述襄阳战役、萧楚女在襄阳的活动轨迹等故事,为昭明师生上了一堂生动的爱国主义教育课;邀请襄阳市新四军历史研究会理事孙久全参加"红色课堂",80岁的孙老长年研究襄阳党史,他引领全体师生穿越到那个硝烟弥漫的战场……在卉木林社区红色文化广场,孙爷爷和少先队员齐唱《没有共产党就没有新中国》,勉励队员们要牢记历史、缅怀先烈,听党的话、做共产主义接班人。

2020年9月,襄阳市百万名师生"同上一节思政课"暨"云上学经典"活动,昭明小学向百万名襄阳学子讲述萧楚女的故事;10月,昭明师生创作了《永不熄灭的红烛》儿童广播剧,以昭明学子的所思所想,讲述了萧楚女烈士短暂一生的光辉事迹。

二、点亮之火——挖掘襄东红色教育资源

"星星之火,可以燎原。"襄阳市峪山镇星火村致力于旅游规划的全面提升,打造新农村发展模式,把幸福感、获得感传递给八方来客。

峪山镇地处大洪山余脉,属革命老区,是一座保存相当完好的历史文化古镇,更是一个红色旅游资源、自然旅游资源、风情旅游资源厚实丰富的大镇。方岗村红色文化馆是以黄龙镇"薪火相传"红色文化为背景打造的,馆内主要展示了新民主主义革命时期襄阳地区的斗争历程。其中,党建文化长廊,用一幅幅生动形象的墙绘讲述了从新民主主义革命到改革开放,再到社会主义现代化建设新时期的中国精神。刘岗村"薪火相传"红色文化展厅由6个版块组成,主要展示了从1919年至1949年襄阳地区的红色记忆。向湾村是红九军二十六师和襄阳县苏维埃政府成立后革命活动的主战场,也是谢坤烈士血战扁石岩战斗遗址所在地。张家集镇徐窝村是远近闻名的"烈士村",有烈士60余人,早年为革命牺牲的群众达300多人。陵园由纪念碑、纪念馆、纪念广场三部分组成,于1999年被湖北省人民政府授予湖北省爱国主义教育基地。

革命烈士纪念碑耸立在纪念广场的中央,高约15米,碑下有四个浮雕,展示了革命者拿起武器、英勇斗争的场面。纪念馆通过文字、图片和实物相结合的方式,再现了我们共产党人在襄州建立、发展、壮大直至取得新民主主义革命胜利的曲折历程。

革命烈士纪念碑

红色资源孕育红色文化,红色文化浸润红色乡村。红色基因在新时代焕发出强大生命力,为全面推动乡村振兴提供了强大引擎。在星火村,当地一方面筑牢红色之基,借势红色名村建设东风,强化对红色遗址和红色教育基地的日常维护和管养,精心打造红色教育阵地,构架红色文化振兴之桥,激发村庄建设的内生活力;另一方面策划组建神山村宣讲团,开展以"喜迎二十大·永远跟党走"为主题的巡回宣讲活动,讲好"红色故事"、播撒"红色火种",激励广大农民群众接力奋斗,告慰英烈,不负时代。神山村从脱贫走向振兴,发展动力愈发强劲。

"绿水青山就是金山银山",在利用红色资源促进经济发展的同时,将绿色发展贯穿其中,以红促绿,红绿并进。这些年,星火村更是以红绿融合促乡村发展,往昔功能单一的阡陌小道如今蜕变成纵横交错的"四好农村路",危旧房屋经过改造焕然一新。同时,搭建"智慧乡村"平台,完成核心区人车分流旅游栈道、生活污水治理、饮水工程等基础设施建设,构建"产业新+生态美"的新格局,实现了从"美丽生态"到"美好生活"的转型升级。

推动产业发展始终是乡村振兴之路上的关键命题。星火村将红色资源禀赋转化为产业发展优势,积极引进外省旅游投资发展有限公司,持续深化"红色旅游+乡村振兴"融合,做优做强"星星之火"乡村旅游品牌,促进红色革命教育、生态旅游观光、乡村休闲度假等多种消费业态相融共生,"客家文化"游、"民俗文化"游等文旅精品新线路"风生水起",村民的收入渠道越来越多元,腰包也越来越鼓。这充分证明,在推进乡村全面振兴的征途上,深耕红色基底,立足村庄特色,着眼地域、产业、资源等关键要素,因地施策培育乡村特色优势产业,谋划产业链条全局,实现一二三产深度融合,推动红色文化和产业振兴有效衔接,就能让"红色热土"成为"产业沃土"。

披荆斩棘的"老星火",敢为人先趟新路。随着红色旅游市场的火爆,星火村规划旅游路线,定制研学套餐,把23处遗址连线成面,打造红色教育路线,将资源变资产,为星火村的发展指明了方向。

三、奋发之力——开展科普,传承"三线精神"

新时代弘扬和传承"三线"精神,建设美丽襄阳,实现绿色崛起,是历史必然。中央电视一台曾播出的 32 集工业史诗电视剧《火红年华》就是以十九冶、攀钢、攀煤等四川的著名三线工业企业为故事原型,展现了当年那一大批意气风发的建设者,怀揣炙热理想,到攀西大裂谷深处,从零开始,披荆斩棘、克服困难,无私奉献,将一片不毛之地建设成为新兴工业城市,并带领青年一代积极顺应国家发展,创新升级新工业体系,抢滩钒钛技术与高铁重轨,带领企业踏上新征程的光辉历程。新中国成立 70 多年的奋斗史足以证明,有党的坚强领导,有优越的社会主义制度,有人民的广泛参与,就可以集中力量办大事,创造人间奇迹,"三线"建设的伟大成就是最好的佐证。

习近平总书记指出:"中国人民在长期奋斗中培育、继承、发展起来的伟大民族精神,为中国发展和人类文明进步提供了强大精神动力。""三线精神"映照了一个时代变迁,铸就了一座精神丰碑。"三线"建设,开启了襄阳现代工业文明发展道路,正是"三线"建设者听党指挥、服从安排,将自己的理想信念与国家、民族和人民的命运紧密相连,满怀激情、无私奉献,甘愿放弃优裕的生活到襄阳喝山沟水、住简易工棚,在没有图纸、没有资料、没有基本机械用具的情况下,白手起家,使襄阳的工业发展如虎添翼。"三线精神"已根植于襄阳工业文明的发展历程之中,成为历久弥新的精神源泉。

五七一三厂航空知识培训馆是鄂西北地区唯一一家要素齐全、体系完备、师资雄厚的航空知识科普教学场馆,包括航空综合知识培训馆、航空发动机知识培训馆和"三线记忆"文化主题馆。曾先后被授予"襄阳市科普示范基地""襄阳市青少年实践教育基地""襄阳市职工教育培训基地""襄阳市首批全民国家安全教育基地"等荣誉称号。中国人民解放军第五七一三工厂的大国工匠、全国第八届道德模范提名奖获得者孙红梅就是"新三线人"的巾帼英雄,她践行"三线精神"和工匠精神,大学毕业后用一把焊枪将自己的青春年华与航修事业紧紧地"焊"在了一起,托起了强军爱国的航修梦。

湖北省科学技术协会发布了《关于命名"湖北省科普教育基地(2022—2026 年度)"的通知》,位于谷城县茨河镇石井冲村的五七一三厂航空知识培训馆获批"湖北省科普教育基地"。"湖北省科普教育基地"的命名是经省级学会、高校(科研院所、企业)科协、县市州科协和省直有关单位推荐,经初审、专家评审等环节后加以确定的,旨在促进相关单位不断完善科普软硬件条件、加大科普活动组织力度、全面提升科普服务能力,为科技强省建设打下坚实基础。

2023 年 6 月 1 日,襄阳市未成年人救助保护中心(襄阳市救助管理站)、襄阳市乐源社会工作服务中心、中国人民解放军第五七一三厂谷城分厂、竹条中心小学联合开展"悦享六一·筑梦航空"困境儿童航空科普教育活动。

中国人民解放军第五七一三厂谷城分厂解说员老师带领竹条中心小学的同学们参观了三座主题场馆,在航空综合知识培训馆,从人类为什么要飞行开始讲起,通过嫦娥奔月、万户飞天等一个个小故事,科普了人类的飞行梦;借助飞行员抗荷服、弹射座椅、驾驶舱模拟操作系统等展示了飞机的内部结构,系统地阐述了航空知识。在航空发动机知识培训馆,从早期的燃气涡喷发动机,到涡扇、涡轮、涡轴等各种发动机,一应俱全,各种形态、结构原理,一目了然。通过声光电手段生动展示了航空飞行器和航空发动机的发展历程、制造材料、原理构造、修理技术和检测技术,让发动机"动起来"。"三线记忆"文化馆浓缩了工厂50年艰苦创业奋斗历程,展现和折射了国家"三线"建设的战略布局和建设成就,形成了"艰苦创业、无私奉献、团结协作、勇于创新"的"三线精神"。

第一节 明日沐光——长风破浪会有时

一、强国之光——凝聚中华民族共同体意识

中国共产党成立以来,中华民族共同体意识之所以能够得以凝聚,并在新时代以来得以进一步确认和发展,成为全国各族人民走向中华民族伟大复兴的根本意识遵循,正是源于党团结带领全国各族人民构筑中华民族共同体的历史事实。中国近代以来的历史已经铸就中华民族是一个强大的命运共同体,在这个命运共同体之中各民族"责任共担、利益共享",又融入了中华民族共同体意识形成与发展的全过程之中,因此,中华民族才能够具有"一荣俱荣、一损俱损"的凝聚力和危机感。

襄阳文旅产业助力中华民族共同体意识。盛世唐城景区在2024年春节期间,以铸牢中华民族共同体意识为主线,以节为媒,创新打造"盛世唐城·龙年新春狂欢季"新春特色主题活动,让各民族群众在旅游中传承弘扬中华优秀传统文化、感悟中华民族精神、增进各民族交往交流交融。

"年味儿"凝聚民族情感。通过装点千盏国风灯笼、中国结、鼓乐花车等各民族共享共有的中华文化符号,开展财神送福活动,免费向游客发放福牌记录新年愿望,营造出喜庆热闹的新春氛围。升级"唐风食坊"特色商业街,引入地道的地域小吃、民俗表演,通过"唐唐""城城"NPC互动,引导游客寻找地道的新春年味。"龙图腾"彰显民族自信。景区以"三龙聚首、龙行龘龘"为主题,通过多种形式展现中国龙的文化图腾,提升游客的民族自豪感。景区内开展"非遗板凳龙巡游"活动,板凳龙在演员和游客间接力行进,传递中华民族崇尚团结、合作、互助的价值观念。"诗文化"赓续历史文脉。景区以"诗歌"为承载,创新打造"唐城诗路",百余首唐诗名篇点亮游览街道,近百副春联妙对植入景区商铺。游客一边游览一边吟诵,感受中华诗词魅力和中华民族深厚的历史文化底蕴。"唐风情"复刻大唐盛世。景区以40万平方米仿唐建筑群为实景舞台背景,创新打造《夜叹唐城》夜游项目,编排"万邦来唐""太平傩仪""梦华玉楼""极乐千秋宴"四大精彩演艺篇章,全天50余场唐风演出尽显盛世之风。引入全员华服换装＋剧情"行浸式"游园玩法,再次掀起了游客着汉服游唐城的国风热潮,让游客在游玩中感悟盛唐文化的瑰丽多姿,在沉浸式体验中铸牢中华民族共同体意识。

襄阳社区助力中华民族共同体意识。樊城区以文化活动为载体,发挥社区的基石

作用,组织各族群众参加活动,推进各民族相识相知,交往交流。友谊街回族社区开展了红歌红舞快闪活动,本地和西北地区的回族居民先后有 1 500 多人参加。水星台社区利用传统节日组织辖区举办了歌舞演出、旗袍展示、包粽子比赛等活动,回龙寺社区开展了"浓情端午,感恩同行"联谊活动,各族群众同台演出展示才艺,望江街社区组织了各民族儿童开展"童心向党,喜迎六一"演出活动,加强了各族儿童之间的团结友谊。社区还经常鼓励各民族群众一起跳广场舞,帮助社区居民排练歌舞节目。系列文化活动让各民族群众打成一片,融洽了关系,凝聚了民心。

学校教育助力中华民族共同体意识。为深入贯彻落实中央和省委民族工作会议精神,襄州区召开中小学铸牢中华民族共同体意识工作推进会,扎实推进全区中小学开展民族团结进步宣传教育工作,引导各族师生铸牢中华民族共同体意识。襄州区民宗局联合区教育局曾在双沟镇民族小学召开襄州区中小学校民族团结进步教育工作现场会暨襄州区中小学铸牢中华民族共同体意识宣传教育工作推进会。双沟镇民族小学的民族团结进步教育展览厅、宣传栏、中华民族传统文化走廊等设施,充分体验落实中华民族共同体意识的伟大实践。

二、燃烧之火——成立爱国主义教学研基地

红色教育基地依托丰富的红色资源,以实物、实景、实例、实事为载体,通过充分挖掘和开发红色资源,搭建党性教育大课堂,可以使领导干部在与历史事件、革命人物、革命精神的对话中,不断进行触及思想、深入灵魂的反思与感悟,实现心灵的震撼和精神的蜕变,不断增强党性教育的针对性和实效性。

心之所系,行之所向。《中华人民共和国爱国主义教育法》于 2024 年 1 月 1 日正式实施,这部法律不仅回应了人民对国家的浓浓深情,更是以法治之力保障推动爱国主义教育。近年来,襄阳各地各单位积极开展多种形式的爱国主义教育活动,让红色基因融入青少年血脉。

襄阳市革命烈士陵园始建于 1950 年,1975 年重建,是为纪念在历次革命战争中特别是襄樊战役中为襄阳的解放事业英勇献身的革命烈士。园内有烈士纪念碑一座,碑后建有革命烈士墓,墓中安葬的是解放襄樊战役中英勇牺牲的 103 位无名烈士以及大革命时期、土地革命战争时期牺牲的先烈们的遗骨。半山腰安葬的还有社会主义时期因公牺牲的先烈。园内还建有烈士亭等 10 多处建筑物。

襄樊战役从 1948 年 7 月 2 日开始至 16 日结束,共俘获国民党驻襄阳地区第十五"绥靖"区司令官康泽、副司令官郭勋祺及其以下 17000 余人,毙伤 3500 余人,共计 21000 余人。这次战役的胜利,被称为"五路大捷"之一。周恩来亲自起草贺电,经毛泽东主席修改后,以中共中央委员会的名义祝贺襄樊战役的胜利。朱德誉称此役为"小的模范战役"。

襄阳市革命烈士陵园于 1995 年 3 月被湖北省人民政府公布为湖北省爱国主义教育基地;1988 年 12 月被湖北省人民政府公布为湖北省重点烈士纪念建筑物保护单位。

枣阳市是湖北省重点革命苏区县(市),被誉为"鄂西北革命的曙光"。1925 年组建枣阳中共党组织,1926 年正式建立中共枣阳县委员会,这里曾是第二次国内革命战争

时期的红色根据地和中国工农红军第二十六师的发祥地,李先念、徐向前等老一辈无产阶级革命家曾在这里战斗过。在历次革命战争中,枣阳军民前赴后继,浴血奋战,牺牲干部群众3万多人,已被追认为革命烈士的有1852人,其中县团级以上的有86人。

枣阳市革命烈士陵园于1980年竣工,主要建筑有革命烈士纪念碑、革命烈士纪念馆、陈列馆等。纪念馆陈列着枣阳市著名的85位革命烈士和4位革命同志的遗像及生平简介,169件革命烈士的遗物、遗著等,记录了枣阳革命斗争、革命烈士的悲壮英雄历史。

枣阳市革命烈士陵园于1999年2月被湖北省人民政府公布为湖北省爱国主义教育基地,2009年10月被湖北省人民政府公布为湖北省重点烈士纪念建筑物保护单位。

萧楚女纪念馆是湖北省爱国主义教育基地,被评为国家2A级旅游景区。该馆位于襄阳市襄城区昭明小学院内,纪念馆为传统四合院结构,灰墙灰瓦、红门红窗、风格古朴典雅,环境肃穆安静。纪念馆设置萧楚女生平简介、革命事迹厅、襄阳活动厅和校史陈列厅等,主要存放萧楚女进行革命活动的相关文物、照片、手稿等200余件。

1928年年初,襄枣一带相继发动起义;1930年,徐化龙和其他共产党员又组织发起著名的蔡阳铺暴动,徐窝村是起义、暴动的策源地。这两次起义引来国民党反动派的疯狂报复。1928年7月,鄂北清乡军司令李纪才率"清乡军"包围徐窝村,74名村民在村子西山口惨遭杀害。1930年秋天,国民党"清乡军"再次血洗徐窝村,枪杀村民108人。徐窝村是远近闻名的"烈士村",有烈士60多人,早年为革命牺牲的群众达300多人。

为弘扬革命精神,继承先烈遗志,襄州区在徐窝村修建了革命烈士陵园,修筑了烈士墓、碑、塔及陈列展览室等。徐窝村烈士陵园被公布为湖北省爱国主义教育基地、襄阳市爱国主义教育基地等。

此外,襄阳还有袁书堂烈士纪念馆、鄂豫边区革命纪念馆、荆山农民起义烈士陵园等大批红色爱国教育场馆。

三、制造之力——发展航天科技助力现代化

自2016年起我国将每年的4月24日设立为"中国航天日",旨在宣传我国和平利用外层空间的一贯宗旨,大力弘扬航天精神,科学普及航天知识,激发全民族探索创新热情,唱响"发展航天事业、建设航天强国"的主旋律,凝聚实现中国梦航天梦的强大力量。

中国航天科技集团有限公司四院四十二所是我国成立最早、实力最强的固体火箭推进剂研究所、国家重点高新技术企业,在含能材料、高分子材料、精细化工、机电一体化等领域有较强的研究、开发和生产能力,服务于我国国防、宇航及国民经济建设。航天四十二所坐落在国家级历史文化名城、中国魅力城市——湖北省襄阳市,是中国航天科技集团有限公司在湖北省唯一一家专业研究所!

长征五号B遥二运载火箭搭载中国空间站"天和"核心舱在海南文昌航天发射场发射升空。其中,火箭和核心舱上的消氢点火装置、空间站核心舱结构与机构的密封件是由位于襄阳的航天四院四十二所研制。

企业是实施国家产教融合建设改革的着重点,是推进专业学位研究生培养模式改革、全过程全链条全周期培育高素质创新型、复合型、应用型人才的切入点,是高等学校

服务国家创新驱动战略、助力产业升级和企业技术转型的关键点。襄阳示范区积极探索"政—产—学—研—用"紧密合作、产教融合培养创新人才新模式,推出襄阳企业百家行系列活动。

2022年11月4日下午,中国人民解放军第五七一三工厂事业部主任葛敬伟一行来武汉理工大学襄阳示范区调研,就产学研合作事宜开展座谈交流。襄阳示范区副主任张家明参加会议。张家明副主任首先代表襄阳示范区对中国人民解放军第五七一三工厂事业部葛敬伟主任一行的到来表示热烈欢迎,对襄阳示范区和湖北隆中实验室建设情况做了简要介绍。他表示襄阳示范区持续努力做好人才共建、实验室共建共享工作,将进一步了解中国人民解放军第五七一三工厂研发和技术需求,鼓励导师和研究生深入企业一线,发挥学校专业和学科优势,整合规划资源,精准对接解决企业发展瓶颈问题。葛敬伟主任提出了当前企业面临研发、制造人才缺乏难题,希望接下来能与武汉理工大学襄阳示范区加强合作与交流,在复合型人才培养与输送上深入合作,为企业研发制造输送新鲜血液,为学校人才培养提供实践平台。

航天四十二所是中国航天家族中的杰出代表和重要成员,为中国的航天事业创造了一个又一个奇迹和辉煌,他们怀揣着对星辰大海的梦想,用智慧和汗水,铸就了航天事业的卓越成就。他们勇于挑战未知,突破极限,为探索宇宙的奥秘,默默奉献着自己的青春和力量。他们是执着的追梦者,让人类的目光望向更遥远的天际。

习言习语

红色是中国共产党、中华人民共和国最鲜亮的底色,在我国960多万平方公里的广袤大地上红色资源星罗棋布,在我们党团结带领中国人民进行百年奋斗的伟大历程中红色血脉代代相传。每一个历史事件、每一位革命英雄、每一种革命精神、每一件革命文物,都代表着我们党走过的光辉历程、取得的重大成就,展现了我们党的梦想和追求、情怀和担当、牺牲和奉献,汇聚成我们党的红色血脉。红色血脉是中国共产党政治本色的集中体现,是新时代中国共产党人的精神力量源泉。

——2021年6月25日,习近平在十九届中央政治局第三十一次集体学习时的讲话

薪火"襄"传实践活动记载表

姓名		班级		主题	
验证资料（图片、文字、视频等）					
准备阶段					
实施阶段					
总结阶段					
襄遇有礼					

第四章

侠义襄阳

何为侠？中国人素来对"侠义精神"推崇与崇拜。"侠"的概念，起源于春秋。彼时，文武兼修的"士"阶层在内部产生分野，一部分饱学之士成了"儒"，另一部分"体育特长生"成为"侠"。所以，与"儒"同源的"侠"，本质上是一种用行动与体力践行中国传统道德与行为准则的群体。长久以来，每代中国人都有每代人的"侠"。

襄阳，这座古老而坚韧的城市，承载着无数"侠"的故事与记忆。它曾是金戈铁马的战场，见证过无数英雄豪杰的慷慨激昂；它也是侠义精神的汇聚地，每一寸土地都渗透着义薄云天的豪迈气息。在这里，侠义之道如同滔滔汉水，奔腾不息，贯穿古今。

襄阳城

古往今来，无数仁人志士在襄阳这片土地上演绎着他们的忠诚与勇敢，他们的事迹传颂千古，成为侠义襄阳的生动写照。那些仗剑天涯的身影，那些扶危济困的义举，共同铸就了襄阳的灵魂与风骨。今日，让我们共同翻开"侠义襄阳"这一章，去探寻那些被时光尘封的英雄往事，去领略那份属于江湖儿女的侠骨柔情。在这里，有铁骨铮铮的侠士，他们为了正义和公平，不惜以身犯险，与恶势力展开殊死搏斗；有柔情似水的红颜，她们用智慧和勇气，在男人的世界里绽放出别样的光彩。在这里，你将看到一个真实而鲜活的江湖世界，一个充满热血与激情的传奇之地。让我们一同走进这章"侠义襄阳"，去探寻那隐藏在岁月深处的侠义情怀，领略这座城市独有的魅力与精神内核，感受它所赋予我们的力量与感动。

第一节　侠义之城

襄阳，是什么？对于有 2800 多年建城史的襄阳，无数人心中有无数个答案。有人说，南船北马，七省通衢，襄阳是交通要塞。有人说，金戈铁马，气壮山河，铁打的襄阳城是兵家必争之地。有人说，孟浩然夜听风雨，李白踏歌而行，在襄阳可以梦回唐朝。有人说，襄阳是武侠世界第一名城，点亮古城那一夜，让世界再次看到襄阳的侠义。

襄阳，地处汉水中游，"南船北马、七省通衢"。奔流的江水、热闹的码头、南来北往的人们，塑造了襄阳的江湖气魄。"以天下言之，则重在襄阳"，作为军事重镇的襄阳滋养了千古文人的侠客梦。无论是史书还是武侠小说，提到襄阳城都绕不过"侠义"二字。金庸先生的射雕三部曲《射雕英雄传》《神雕侠侣》《倚天屠龙记》塑造了"襄阳武侠世界第一名城"形象。这座金庸先生用了大量笔墨描绘的城市自带豪情侠义。

一、武侠小说与襄阳

"有华人的地方，就有金庸小说。"一代武侠宗师金庸先生仙去，让整个华人世界怅然若失。在万众追思中，放眼中国，独有一座城为先生点亮，这座城名为襄阳。

有 2800 多年历史的襄阳古城，为天下咽喉，华夏屏障，"其险足固，其土足食，东瞰吴越，西控川陕，南跨汉沔，北接京洛"，历来兵家必争。而金庸先生多次以襄阳城作为创作背景，尤以《射雕英雄传》《神雕侠侣》为最，人们最耳熟能详的，是郭靖、黄蓉夫妇誓死守城，与南宋共存亡的事迹，甚至他们的小女儿，亦出生在烽火连天的宋蒙战时，取名郭襄。

因为种种原因，金庸一生从未到过襄阳，却为其魂牵梦萦，为其咏叹增辉，描摹战役，褒述盛德。襄阳，已成为金庸武侠经典的"中心城市"，卓立于"飞雪连天射白鹿，笑书神侠倚碧鸳"的十四部小说之中；襄阳，也成就了郭靖、黄蓉这对金庸武侠小说第一伉俪，提炼阐释了"为国为民，侠之大者"的侠义最高精神！

金庸笔下的襄阳城，侠气纵横。《射雕英雄传》《神雕侠侣》两部小说完结均落脚在襄阳城。杨过因为仰慕襄阳西晋名将羊祜，所以将襄助郭靖召集高人通报消息的地点选在了羊太傅庙，书中借他人口道："羊祜，杨过，音同字不同……"想来，金庸先生或许在小说动笔之前，就已经选定了襄阳作为靖、蓉的归宿，而杨过渐行渐悟，以德报怨的事迹，亦有此渊源。

如果说其中情节让人热血沸腾，那么大侠又如何评价襄阳？郭靖、杨过叔侄策马至郊野，见难民涌动，又见杜工部石碑，杨过便道："襄阳城真了不起，原来这位大诗人的故乡便在此处……你说为国为民，侠之大者，文武虽然不同，道理却是一样。"从杨过口中说出的，正是金庸心中所想——襄阳城文武双全、侠儒兼备，驻于此地，甚至神交此城，则必豪气顿生！

杨过接着问："郭伯伯，你说襄阳守得住吗？"郭靖又提到襄阳卧龙，道："襄阳古往今来最了不起的人物，自然是诸葛亮……我与你郭伯母谈论襄阳守得住、守不住，谈到后来，也总只是'鞠躬尽瘁，死而后已'这八个字。"看，这就是金庸全部小说中最精华最崇高的核心精神和主旨要义！金庸借书中大侠之口，说出了他的终极人生观、义利观和道德观，儒家的"正心修身齐家治国平天下"和"忠孝仁义"思想在书中得到淋漓尽致的彰显弘扬。

襄阳城，经历了宋朝极其艰苦卓绝的卫国抗蒙之战，前后历时长达 38 年，双方死伤 40 万人。大侠金庸的心中，一直要找一处让他自己心潮澎湃，解民倒悬，为国尽瘁的"报国城池"，襄阳城，当属第一！为了家国，为了忠义，把个人前途命运、儿女私情，甚至生命放下，这才是真豪杰，真英雄！武侠小说的创作，是源于对这种境界的向往，是载体。郭靖和杨过这一对"冤家叔侄"，本来心中有着误解和心结，但是在民族大义面前，二人不约而同地选择了国家和人民。郭靖为了国家，顾不得黄蓉及儿女的安危，也早早否定了黄蓉退隐江湖的打算。杨过也正是在襄阳看出了郭靖的人品风骨，渐渐悟得"为国为民，侠之大者"的真谛。

此外，襄阳城充满了大小惊喜和大小圆满——英雄大宴上群雄会聚，共抗外辱，武林宗师们出手逆转乾坤，最终取得了醋畅淋漓的大胜。"小东邪"郭襄在自己的闺房内开英雄小宴，请圣因师太、百草仙、人厨子等江湖大佬，酒酣耳热，尽兴攀谈。神雕大侠杨过，为了给郭二姑娘庆生，准备了三件礼物，便有两件是抗蒙之战功——那襄阳城上空为襄儿庆生的烟花，声震中原，璀璨夺目，竟是攻敌粮草的信号……

其实，在金庸之前，清代评话艺术家石玉昆所撰的《三侠五义》，亦将襄阳城作为英雄汇聚，共举大事，铲奸除恶的主战场。

此故事展开于北宋时期，三侠为保卫包拯的"南侠展昭""北侠欧阳春"以及双侠"丁兆兰、丁兆蕙"，五义为"钻天鼠"卢方、"彻地鼠"韩彰、"穿山鼠"徐庆、"翻江鼠"蒋平、"锦毛鼠"白玉堂，这些侠义之士为拯救社稷苍生，揭穿了襄阳王赵爵通敌卖国意图谋反的阴谋——"锦毛鼠"白玉堂三探襄阳冲霄楼盗盟书，命丧破铜网阵，却拿到了重要证据。后钦差大臣颜查散上任襄阳，带领众位英雄剿灭叛乱。武林群雄会襄阳，活捉襄阳王，终得还大宋朗朗乾坤。

二、琴心剑胆，侠骨柔情

襄阳城，为什么让一代又一代大师如此心驰神往，思临城池，腕底风云激荡，椽笔刻画如神？

在古代多次的重要战争中，襄阳都起着举足轻重、关乎全局的重要作用。襄阳，本是古代邓国的国都和楚国的皇城，天下行省中曾经有荆州和雍州分别在这里建立府治中心，历来兵家必争，它扼守着中原通往西北秦岭、关中的户牖，"东瞰瓯越，南跨汉沔"，千古以来屏障中原，守护着湖广和江南。它是南北物资流通的重要集散地，也是楚文化和中原文化的交汇地。

襄阳城在古代有六个城门，四个角门。目前城门尚存有三，小北门（临汉门）、大北门（拱宸门）和长门（震华门）。无论是手扶城垛，立于襄阳城墙上，还是巡行在古治街、北街，都能感受到襄阳城的古味和沧桑，另有一种豪情油然而生，不由得想象自己是背负倚天剑、身怀绝世武功的侠客。

襄阳城由青砖垒砌。立而抚城，低眉闭眼，则鼓鼙之声震空而去，沧桑之力透壁而来，几许喜乐同载，多少忧恨未销，阵阵风不尽，隐隐怆痛哉？多少战争，多少牺牲，才换来了襄阳城的安宁与祥和。

襄阳，一座光明磊落的城，一座侠肝义胆的城，有琴心，有剑胆，有侠骨，有柔情，遍地"侠客"，路皆英雄！

三、侠之大者，为国为民

襄阳城，是典型的非战时不著名城市。郭靖虽然大历史上实有其人，也具民族大义，但没有绝世武功，也没有俏黄蓉夫人。但真实的襄阳城，仍然称得上魅力无穷。

清晨，襄阳古城从睡梦中苏醒，沐浴朝阳，威严雄壮——在它的北面，是浩浩荡荡、奔流东行的汉江，其余三面，则是泛着粼粼青光的护城河水。诗云："华夏名标第一池，流潢三面白鸥疑。孤城雄峙两千日，胡骑空劳十万师。淘去干戈花影叠，钓来星月柳丝垂。烟波渺渺连霄汉，半是风云半是诗。"

城因水而灵秀，水因城而厚重。襄阳的护城河，是中国保留下来的最宽最大的护城河，它如一条玉带环绕、守护着这座城，让其易守难攻，固若金汤。今天，护城河面阔如湖泊，水波不兴，朴船游弋，祥和安宁，几乎让人忘却了它金戈铁马的峥嵘岁月，这种强烈的比照，掩盖了千古的沧桑。

真实的历史没有《武穆遗书》，但岳飞带领岳家军近乎攻无不克的战绩，愿"直捣黄龙，还我河山"的忠勇代代传颂。南宋绍兴四年，整甲缮兵、执锐披坚的岳家军刚刚收复郢州，又摇旗呐喊，狂飙电掣，直奔襄阳城。岳家军深知襄阳作为"天下屏障"的重要性，为收复金兵占领的襄阳、郢州等六郡，岳帅渡汉江时曾立誓言："不擒贼帅，复归旧境，不涉此江！"金军将领李成布骑兵临水，而步兵于野。岳飞熟读兵书，洞察到骑兵利于地，步兵利于水，遂命长枪步卒击其骑兵，以骑兵击其步卒，使襄阳一战大获全胜，震惊番敌，振激南宋。据文物专家稽考，襄阳小北门至荆州古治段的古城墙曾在宋代大修，其砖宽厚，上刻有"岳"字，当是岳家军驻扎监城时所筑。

　　任岳飞能保得住这青砖方城，却保不住将倾大厦，他背负得太多了！然而，人是应有归属感的，也是应有些精气神的。对于家国，知其不可为却必为之！这种执着精神，如同岳家枪忘我一掷，穿透了敌寇苦胆，也激荡着万世人心！

　　襄阳古今战火，以抗蒙最为猛烈：金以后，蒙古人横扫欧亚大陆，为了入主中原，又对南宋发动了多次战争，从成吉思汗之子窝阔台，到蒙哥，再到其孙忽必烈，持续了近乎半个世纪。而襄阳，则是南宋可以依仗的最坚实的屏障、最后的堡垒。

　　城之兴亡，在于城墙的坚实，在于刀兵的锐利，在于鼓鼙的振奋，更在于人心的坚守。襄阳岘山北麓摩崖石上刻有一篇《襄樊铭》，为南宋将领李曾伯抗蒙所书，其铭曰："壮哉，脊南北。翳埔壑，九陵谷。乾能，剥斯复。千万年，屏吾国。"铭刻楷书雄健遒劲，蔚为壮观。淳祐十一年（1251年），京湖置制使李曾伯奉命前往襄樊，抗击蒙军，凭借襄樊易守难攻的天然地理，以及军民同仇敌忾的抗战决心，大获全胜，故作此铭。

　　手扶城垛，极目而望，江山胜迹在，舟车竞闹中，这片城头上的祥云已遮盖了往昔战争的残酷。然而在青史的内页里，金鼓齐鸣，杀声震天，忠魂啸音，我们无法忽视抗蒙之战中，经历时间最长、最艰苦、最惨烈的南宋末年的襄樊之战。

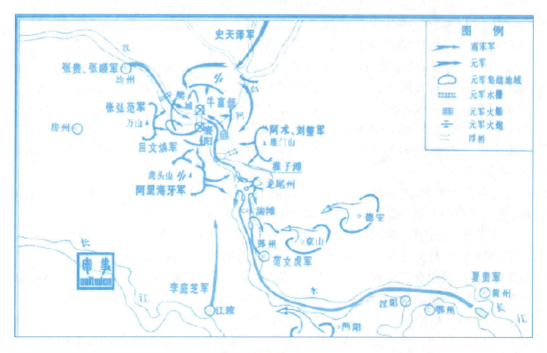

南宋军民保卫襄樊作战经过示意图

宋度宗咸淳三年（1267 年），降将刘整进言蒙主忽必烈："攻宋方略，宜先从事襄阳……浮汉入江，则宋可平也。"于是忽必烈集合了蒙古、女真、西夏、渤海等各部人马共计五十万以上攻击襄阳：他们采用围城打援、水路夹攻的战术，先后在白河、鹿门山、万山等地修筑城堡，阻宋援兵、断宋粮道；同时建战船五千艘，练水卒七万，在汉水江心筑实心炮台，设置弩炮（回回炮），猛轰樊城。"回回炮"，又名西域炮、巨石炮、襄阳炮，是当时先进的"发石机"，巨石发射，轰鸣八方，声震天地，入地七尺，无坚不摧。危急时刻，南宋丞相贾似道竟对宋度宗封锁消息。凡说蒙军攻宋的官员，或被贬斥或被杀。久候无援，襄阳守城军民无不目眦欲裂，心痛已极。

沧海横流，方见英雄本色，其时张贵、张顺、范天顺正是为国为民赴汤蹈火的大英雄！咸淳八年（1272 年）初夏，襄阳西北青泥河上，南宋将领李庭之造船百艘，遣二张欲以救城。麾下三千勇士，在张顺、张贵率领下，激烈转战，越过层层封锁，运载军需进入襄阳。见援军到来，城内军民士气高涨。途中，张顺身中四枪六箭壮烈牺牲，张贵入城后率军突围求援，不幸重伤被俘，不屈牺牲。张顺死后，尸身自江中浮出，逆流而上，数天后漂至襄阳，仍"甲胄在身，手持弓箭，怒气勃勃如生"，见者无不为之动容！

久攻城不下，蒙便用张弘范计，先破樊城，他们水陆夹攻，先烧断江上铁索浮桥，截断了襄樊二城的联系，断了宋军援应，又兵分五路，用"回回炮"围轰樊城。守樊主将都统制范天顺、统制牛富率军民抗敌，激战十四昼夜——牛将军在城破后仍率百名壮士拼死巷战，重伤被俘后宁死不降，以头碰柱不死，又投火自焚殉国。裨将王福见状，大喊"将军死于国事，吾岂宜独生"，也投火自尽。敌众我寡，不能接应，樊城终告失守。城破时，主将范天顺高呼"生为宋臣，死当为宋鬼！"自缢而死。余下军民全数遇难。樊城失守，襄阳失去辅弼，援尽粮绝，守将吕文焕感大势已去，无力回天，遂率众举城投降。历时六年，宋元襄樊大战宣告结束。襄阳失守，南宋军心震动，忽必烈心中的巨石落地。仅仅三年后，元灭宋，完成统一。在那之前，宋蒙战争持续了近半个甲子！艰苦卓绝的襄阳保卫战虽以失败落下帷幕，但襄阳军民共赴国难、舍生忘死的爱国精神光芒万丈，永垂青史。其实，宋朝并不柔弱，有名将坚城，拥地势水利——真正击垮它的，不是敌寇，而是人心！

这些抗御外敌、浴血奋战、忠于国家、敢于牺牲的将军志士，虽然武功并不登峰造极，兵法也未必十全十美，但，他们一样拥有着"碧血丹心"！

传统意义上的"大侠""小侠"，局限在侠客自身的襟怀上，多为个体，为国为民、心灵旷达的是大侠，行侠仗义、不平而鸣的是小侠。而从广义上说，"大侠"的文化内涵应该更丰富，应该是包含所有积极帮助他人、服务社会、急人所困、舍己救人、为国捐躯的志士仁人——"大侠"即是"大仁"！

襄阳城的魂魄，永不在其斑驳的城墙，磅礴的身影，而在于跌宕的历史，道义的存续，人心的向背……仿佛她那昂然的身板里，不仅仅是砖土，更有钢铁铸成的筋骨。黯淡了刀光剑影，远去了鼓角争鸣，昔日的金城汤池，今日成为游人怀古寄情的游览之所。唯愿天下再无战争，而华夏名城襄阳，景色永远壮丽，生活永远安宁！

第一节　侠义之人

岳飞保家卫国击退金兵收复襄阳,向朝廷申请资金赈济老百姓,忧国忧民;诸葛亮感念刘备三顾茅庐,为了兴复汉室夙兴夜寐;宋玉听到楚王发出"快哉此风"的感慨,想到的却是百姓的疾苦。他们从不同的维度阐释了襄阳的侠义传承——侠之大者,为国为民。除此之外,襄阳三国文化遗产丰富,三顾茅庐、马跃檀溪、水淹七军、刮骨疗毒等脍炙人口的历史故事在这里发生。历史传说使襄阳愈加鲜活,侠骨柔肠早已被纳入这座城市之中成为独一无二的风骨。

一、侠义襄阳之典型英雄人物

郭靖、黄蓉:为国为民,侠之大者。为国为民,侠之大者。这是金庸先生形容郭靖的话,也是金庸小说最核心的精神。随着敌人的进攻,城池危如累卵,书中这样写道:"安抚使吕文德瞧着这等声势,眼见守御不住,心中大怯,面如土色地奔到郭靖身前,叫道:'郭……郭大侠,守不住啦,咱……们出城南退罢!'郭靖厉声道:'安抚使何出此言?襄阳在,咱们人在,襄阳亡,咱们人亡!'"①

《倚天屠龙记》中提到了郭靖、黄蓉的结局:"襄阳城破之日,郭大侠夫妇与郭公破虏同时殉难,屠龙刀不知下落。郭祖师当时身在西川,待赶去想要相救父母亲人,却已为时不及。"

襄阳的侠义英雄郭靖,是金庸著武侠小说《射雕英雄传》中的主角,他和黄蓉行走江湖,快意恩仇。小说结尾,蒙古人大举侵宋,郭靖与黄蓉奔赴襄阳城,抗击蒙古大军。在之后的《神雕侠侣》和《倚天屠龙记》中,郭靖、黄蓉一生守护襄阳城,奋勇抵抗外敌。襄阳城破,郭靖黄蓉一家殉国。

诸葛亮:鞠躬尽瘁,死而后已。诸葛亮在多数人印象中是忠臣与智者的代表人物,但在金庸笔下他"鞠躬尽瘁,死而后已"堪称侠义。诸葛亮,字孔明,号卧龙,三国时期蜀汉丞相。诸葛亮早年隐居襄阳隆中。刘备三顾茅庐,诸葛亮提出占据荆州、益州,联合孙权共同对抗曹操的"草庐对策"。刘备根据诸葛亮的策略,成功建立蜀汉政权,与孙权、曹操形成三足鼎立之势。《神雕侠侣》描述:杨过追问襄阳是否守得住,郭靖沉吟良久,手指西方郁郁苍苍的丘陵树木,说道:"襄阳古往今来最了不起的人物,自然是诸葛亮。此去以西二十里的隆中,便是他当年耕田隐居的地方。诸葛亮治国安民的才略,我们粗人也懂不了。他曾说只知道'鞠躬尽瘁,死而后已',至于最后成功失败,他也看不透了。我与你郭伯母谈论襄阳守得住、守不住,谈到后来,也总只是'鞠躬尽瘁,死而后已'这八个字。"从隆中走出辅佐刘备"三分天下",到六出祁山,死在北伐路上,诸葛亮"鞠躬尽瘁,死而后已"是一种侠义。

① 金庸.神雕侠侣[M].广州:广州出版社,2009:1334.

羊祜

羊祜：保境安民，以仁义服人。三国时期，羊祜镇守襄阳以仁义著称。羊祜，字叔子，西晋大臣。羊祜任荆州都督，镇襄阳，常登临襄阳城南的岘山，羊祜山亦因此得名。在群雄争战、风云际会的三国时期，刘备三顾茅庐、诸葛亮谋划《隆中对》，使襄阳成为三国鼎立格局形成的源头；以羊祜镇守襄阳、杜预上表灭吴方略为标志，襄阳成为晋灭吴、完成统一大业的策源地。

金庸在《神雕侠侣》关于羊祜的相关文字是：那姓孙的道："我曾听说鼓儿书的先生说道：三国时襄阳属于魏晋，守将羊祜功劳很大，官封太傅，保境安民，恩泽很厚。他平日喜到这岘山游玩，去世之后，百姓记着他的惠爱，在这岘山上起了这座羊太傅庙，立碑纪德。众百姓见到此碑，想起他生平的好处，往往失声痛哭，因此这碑称为'堕泪碑'。一个人做到羊太傅这般，那当真是大丈夫了。""说'三国'故事的先生还道，羊祜守襄阳之时，和他对敌的东吴大将是陆逊的儿子陆抗。陆抗生病，羊祜送药给他，而陆抗毫不疑心地服食了，部将劝他小心，他说：'岂有鸩人羊叔子哉？'服药后果然病便好了。羊叔子就是羊祜，因他人品高尚，敌人也敬重他。羊祜死时，连东吴守边的将士都大哭数天。这般以德服人，那才叫英雄呢。"羊祜山、岘首亭、堕泪碑，千年来，襄阳人一直在以各种方式纪念羊祜。羊祜保境安民，以仁义服人是一种侠义。

岳飞：舍生取义，精忠报国。金庸无数次借小说人物之口称赞岳飞"精忠神武，天下人人相钦""只恨迟生了数十年，不能亲眼见到这位大英雄"。"岳武穆王念念不忘百姓疾苦，这才是真英雄大豪杰啊！""靖康耻，犹未雪。臣子恨，何时灭。驾长车，踏破贺兰山缺。"郭靖、杨康的名字，出自岳飞的《满江红》。小说中众人争抢的秘籍，就是《武穆遗书》。郭靖意外得到《武穆遗书》，在蒙古西征和守襄阳城时，都用了《武穆遗书》中的兵法。射雕结尾，襄阳被蒙古大军包围，危在旦夕。郭靖与黄蓉辞别师父洪七公与父亲黄药师，从华山赶赴襄阳守城。黄蓉道："蒙古兵不来便罢，若是来了，咱们杀得一个是一个，当真危急之际，咱们还有小红马可赖，天下事原也忧不得这许多。"郭靖正色

岳飞

道："蓉儿，这话就不是了。咱们既学了武穆遗书中的兵法，又岂能不受岳武穆'尽忠报国'四字之教？咱俩虽人微力薄，却也要尽心竭力，为国御侮。纵然捐躯沙场，也不枉了父母师长教养一场。"黄蓉叹道："我原知难免有此一日。罢罢罢，你活我也活，你死我也死就是！"

南宋绍兴四年（1134 年），岳飞收复襄阳等六郡，以此部署荆襄防线。之后，吴拱驰援襄阳，赵淳孤守襄阳，赵方守卫襄阳，孟珙收复襄阳，李曾伯收复襄阳，宋蒙襄樊争战……在漫长而惨烈的宋金、宋元拉锯战中，无数和岳飞一样的英雄侠客、仁人志士在襄阳舍生取义、精忠报国，这就是侠义。

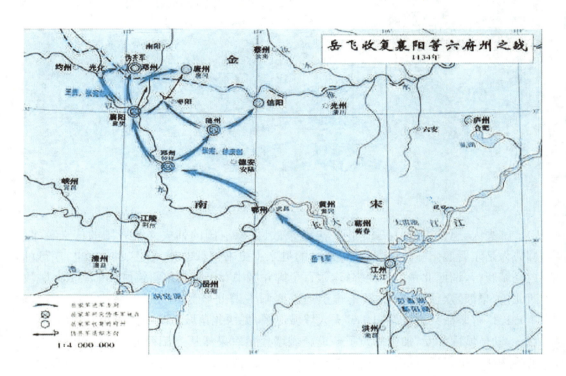

岳飞收复襄阳等六府州之战

关羽：千里走单骑、单刀赴会。过五关、斩六将。千里走单骑、单刀赴会、刮骨疗毒，关羽在襄阳留下的传说很多。位于南漳的春秋寨是一座古山寨，关羽曾经在这里夜读《春秋》。水淹七军、威震华夏这些故事就发生在襄阳。建安二十四年（219 年），关羽率军进攻曹魏占据的襄阳、樊城。关羽将曹魏名将曹仁围困于樊城。随后，连续不断的降雨导致汉水暴涨，关羽借机水淹七军，继而招降于禁、斩杀庞德，一时间逼得曹操打算迁都避其锋芒，史书形容道："羽威震华夏。"关羽去世后，民间尊其为"关公""关二爷"，清朝时尊为"武圣"。水淹七军公园、关圣古镇就是襄阳人为纪念关羽而建的。千里走单骑、单刀赴会、威震华夏的关羽当然是侠义英雄。

关羽

　　韩夫人：忠诚果敢，保家卫国。忠诚果敢、保家卫国的韩夫人是襄阳的侠义英雄。韩夫人是东晋襄阳守将、梁州刺史朱序的母亲。史书记载："初，苻丕之来攻也，序母韩自登城履行，谓西北角当先受弊，遂领百余婢并城中女子于其角斜筑城二十余丈。贼攻西北角，果溃，众便固新筑城，丕遂引退。襄阳人谓此城为夫人城。"晋太元三年（378年）二月，苻坚派兵进攻襄阳。韩夫人登城巡视，见西北角城垣防守薄弱，于是召集全家女眷，动员城内妇女，加紧修筑了一道新城墙。秦军果然从襄阳西北角大举入侵，朱序携兵殊死抵抗，最终凭借这座新城墙等到了援兵的到来，保住了襄阳。襄阳人为纪念守卫襄阳城的韩夫人而把这一段城墙称为"夫人城"。历史上，襄阳城多次维修，筑城的人们始终没有忘记过韩夫人。如今，韩夫人的雕像还在襄阳城墙上。从古至今，守护襄阳城的这些人都是襄阳的侠义英雄。千年过去，他们的侠义精神已融入襄阳的城市血脉。侠义，是襄阳的城市本色。

二、侠义襄阳之今日传承

　　金庸笔下郭靖、黄蓉守护襄阳，侠之大者，为国为民《史书》中记下诸葛亮"隆中对"一生"鞠躬尽瘁，死而后已"。关羽水淹七军，名震华夏。真实的襄阳保卫战中张顺、张贵带着三千勇士舍生取义、增援襄阳……风雨千年，江湖已远，侠肝义胆的气质始终印刻在襄阳的城市脉络里，重情重义、懂得感恩、奉献爱心……来看看侠义襄阳的这群"现代侠客"。

韩夫人镇守襄阳城

"独臂侠"陈传会：古有"神雕侠"杨过独臂冲入蒙古大军解襄阳之困，今有教师陈传会独臂托起农村学生心中的"红月亮"。他热血从教在老河口市最偏僻的袁冲乡牧场小学，坚守11年，直至学校撤销他。年复一年为学生挑水、做饭、过生日，他用微薄的工资先后资助贫困学生300余人次，组建的"红月亮"爱心社累计收教300多名留守儿童。他是陈传会，襄阳市老河口市袁冲乡纪洪小学一名右臂高度截肢的教师，孩子们心中的"独臂侠"。曾有人问他，这么多人怎么帮得过来？他总是微微一笑："帮一个，是一个啊！多帮一个，就在孩子们心中多种一个'红月亮'啊！"

"仁义侠"陈小峰：2009年冬天，陈小峰在路边遇到了衣衫褴褛的"哑叔"，心怀怜悯之心的陈小峰将"哑叔"带回家照顾，这一留就是12年，期间陈小峰花光积蓄为素不相识的"哑叔"治病，两人不是亲人胜似亲人。12年来，他坚持为"哑叔"寻亲，终于帮他找到了回家的路。临别前，"哑叔"那一跪更是对陈小峰12年付出的感谢。

他是陈小峰，在哑叔落难之际出手相助，并帮助哑叔找寻家人的"仁义侠"。

"守护侠"邱军：他是跨国打击电诈的"反诈猎手"，牵头发起全省预警拦截机制，成功阻止电信诈骗2000多次，有效止损1.8亿元。

他是央视《等着我》大型寻亲公益节目的寻人打拐志愿者。6年间，利用工作之余，他和志愿者伙伴们一起努力，先后为100多个家庭寻找到了失散的亲人。

他是邱军，"全国最美基层民警"，他在离群众最近的地方，默默守护、负重前行，是百姓心中的"守护侠"。

"少年侠客"：英雄不问出处，少年自有归途。在襄阳，千年沉积下来的侠义在新一代年轻人身上展现得淋漓尽致，他们知恩图报、不卑不亢，少年侠气自飞扬。

2020年，他和家人因疫情被困在湛江市徐闻县，受到当地人的悉心照料。2022年，他得知徐闻急需志愿者开展疫情防控，他义无反顾，从襄阳奔赴湛江。从受助者到志愿者，襄阳00后少年韩金宇千里逆行只为报恩。

父亲早逝，母亲改嫁，和奶奶相依为命，破碎的家庭并没有磨灭他的斗志，虽身处逆境，但自强不息，2022年高考，他考上了华中科技大学。"我有信心，没有别人资助我也能上大学！"励志少年婉拒爱心人士的资助并将爱心传递于困苦少年杨小宇，隔空"牵手"，共同进步。他是张汇炎，"未来靠自己努力奋斗"的"少年侠客"。

"爱心侠"：在襄阳，还有这样一群"侠客"长年累月，不求回报地帮助他人。他们有一个相同的名字——"爱心侠"。

在龙掌柜的牛肉面馆里只要说出暗号：A套餐，就可以免费得到一碗豆腐面、一个鸡蛋、一杯豆浆或黄酒。他是90后面馆老板曾成龙，2018年以来他持续免费为遇到困难的人提供A套餐，"不图回报，只希望你有能力的时候再去帮助他人"。郑州遭遇特大暴雨，他第一时间筹措抗洪救灾物资，将价值两万元的紧缺物资送往灾区。

她发动全市爱心商家成立了"点爱套餐"，爱心组织为行走在外、遇到困难的人提供吃住行用等方面的帮助，至今，已有108位困难者得到过不同的帮助。她是"点爱套餐"爱心组织的发起者黄艳丽。"每个人献出一点点爱就会产生大爱的力量！"她还是留守儿童的"黄妈妈"，多年来，持续为留守儿童提供关爱服务。她从事公益事业20年，累计参加志愿服务时间超过32600个小时。

2024年1月27日晚，一名中年男子突发疾病晕倒在路边，在这危急时刻，一位女士上前对其施行专业救助。10分钟后，男子恢复了知觉，在120救护车到来后，女子默默离开了现场。记者经过多方打听得知，该女士是市第一人民医院儿保科康复治疗师帅丽。帅丽在街头跪地救人后悄悄离去的故事在襄阳大街小巷传为美谈，2月5日被人民日报微信公众号、光明网、荆楚网等多家省、市级媒体予以报道，全国网友在为这名勇敢而热心的女子点赞的同时也再次感受到襄阳这座侠义之城的暖意。

第二节 侠义之景

一江碧水穿城过，十里青山半入城。金庸小说中"侠客夫妇"郭靖、黄蓉驻守襄阳数十载，大侠足迹遍布这座城。今天，跟随他们的脚步，在青山绿水间，来一场襄阳"侠客行"。

一、襄阳古城墙

襄阳古城位于汉江南岸的襄阳市襄城区，三面环水，一面靠山，是一座山清水秀、景色宜人的古城，因"城在襄水之阳，故曰襄阳也"。襄阳城雄踞汉水中游，楚为北津戍，至今已有 2800 多年的历史；襄阳城墙起初筑于汉初（具体年代无考），屡经整修（从城墙砖上有"邓襄阳古城墙—禹城""太平兴国""岳""光绪"等字样可证），略呈正方形。城池周长 7 千米；护城河最宽处 250 米，堪称"华夏第一城池"，自古就有"铁打的襄阳"之说。因为三面环水，一面靠山，易守难攻，历来被当作军事要地被历代兵家所看重，拥有完整的一座古代城池防御建筑。在历史上中，先后经历了 172 次大的战事，有 200 多次惊心动魄的战斗载入史册，在中国军事博物馆里介绍了襄阳影响大局的多次重要战争。其东南隅有仲宣楼（俗称会仙楼）、魁星楼，西南隅有狮子楼，西北隅有夫人城。古朴典雅的城墙，与仲宣楼、昭明台等融为一体，交相辉映。

在《神雕侠侣》中，大侠郭靖遍邀天下英雄与当地军民一起守卫襄阳城，将英雄气概和侠义精神留在这座城池。襄阳是一座拥有 2800 多年建城史的文化名城，犹如一本厚重的历史书。

古往今来骚人墨客在此留步，为她吟诵动人诗篇。唐代著名诗人王维泛舟汉江，怀着对襄阳的深厚感情，作诗一首《汉江临泛》。

汉江临泛（汉江临眺）

唐·王　维

楚塞三湘接，荆门九派通；
江流天地外，山色有无中。
郡邑浮前浦，波澜动远空；
襄阳好风日，留醉与山翁。

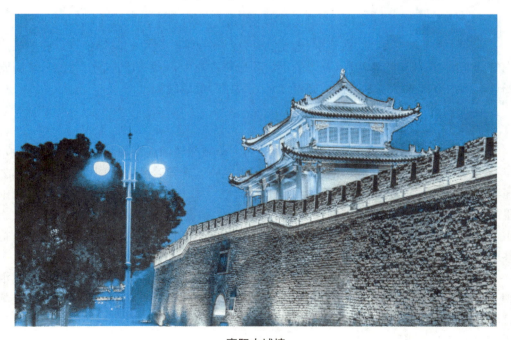

襄阳古城墙

二、古隆中

古隆中景区距襄阳市区 13 千米。历史上著名的刘备"三顾茅庐"和诸葛亮的兴汉蓝图"隆中对"都发生在这里。古隆中景区包括古隆中游客中心、核心景区、植物园片区、草庐剧场片区等四大片区,是国家级风景名胜区、全国重点文物保护单位、国家 AAAA 级旅游景区。

古隆中

古隆中除了有三顾堂、抱膝亭、老龙洞外,还有古柏亭、隆中书院等景点。登上景区内的腾龙阁,在这里俯瞰四周,苍翠的小山环抱着古隆中,一派田园风光。晚上,草庐剧场还有国内首部大型实景影像话剧《草庐·诸葛亮》可以观赏。

三、岘山

岘山因西晋征南大将军、太傅羊祜而著名。羊祜在襄阳最爱岘山(当时称岘首山)。羊祜病逝后,襄阳百姓在岘山羊祜旧游处"建碑立庙",碑即著名的"堕泪碑",庙称"羊公庙""羊太傅庙"等。其后,又建起了巍峨的岘山亭。岘山横亘于襄阳城南,起于城西十里的万山,终于城南二十余里的百丈山。其中峰岭相叠,蜿蜒盘曲,虎头山、望楚山、扁山涌浪若奔、高大巍峨;凤凰山、岘首山临水顾盼,秀逸挺拔,近在咫尺的汉水襟带左右,共同构成襄阳名山、名水、名城的精致格局。

岘山,到处是名胜,遍地皆古迹。刘备马跃檀溪处、凤林关射杀孙坚处、羊祜的堕泪碑与杜预的沉潭碑、刘表墓与杜甫墓、张公祠和高阳池……登临岘山顶往南远眺是楚都宜城,朝东方向,鱼梁洲与山水田园派诗的开创者——孟浩然的隐居地鹿门山隔汉水相望。岘山脚下的襄阳城,是宋元大战之地。

岘山

四、唐城

　　唐城景区位于襄阳观山临江风景区，是国家 AAAA 级旅游景区，首批国家级夜间文化和旅游消费集聚区。我国著名导演陈凯歌执导的电影《妖猫传》，在襄阳盛世唐城景区的开篇首秀已落下帷幕；以襄阳盛世唐城景区为主拍摄场地的影视作品《天盛长歌》《将夜》《九州缥缈录》等也已顺利播出；更有《庆余年 2》《图兰朵》《木兰》等大型影视剧先后在襄阳盛世唐城景区取景。

唐城

五、汉江

汉江，是长江最大的支流，在历史上占据重要地位，常与长江、淮河、黄河并列，合称"江淮河汉"。汉江自东向西而流，襄阳被汉江分成樊城与襄城，两城隔江而望。

汉江

白天的汉江大气，夜晚沉静端庄。沿樊城汉江边漫步，从襄阳第一座汉江大桥——汉江一桥往西走就会遇到为纪念中国古代北宋书画家米芾而建的米公祠，在这里可以欣赏到米芾的字迹拓片。

游走在汉江各个码头之间，这里记录着当年"南船北马"之地的繁华。夜幕降临，汉江两岸灯火通明。

六、鹿门山

"不踏苏岭石，虚作襄阳行。"

鹿门山在襄阳城东南约 15 千米处，是中国历史文化名山。因汉末名士庞德公、唐代著名诗人孟浩然、皮日休相继在此隐居而闻名遐迩。

《旧唐书》记载：孟浩然，隐鹿门山，以诗自适。年四十来游京师，应进士不第，还襄阳。鹿门山浩然故居就是为纪念唐代诗人、中国杰出文学家孟浩然而修建的。在鹿门山浩然诗院古建筑的上面有一座双层的仿古阁楼，上有一牌匾名曰"春晓阁"，为宋代书法家襄阳人米芾所书，春晓阁一名由孟浩然著名的诗《春晓》而来。

鹿门山

七、华侨城

　　襄阳华侨城奇幻度假区位于襄阳市东津新区，是华侨城集团打造的华中首个奇幻主题休闲旅游度假新城，打造集主题乐园、商业、酒店、餐饮、演艺娱乐等五大产品群，形成"吃住行游购娱"一站式的世界级度假新体验，为游客带来一场无与伦比的奇幻度假之旅。

华侨城

八、五道峡

守城不易，建城更难。在大荆山深处，楚先王熊绎带领族人以"敢为天下先"的魄力，开创楚国 800 多年伟业根基。

五道峡位于距保康县城 18 千米的荆山腹地，以洞、林、溪、瀑为景观，以奇、险、雄、幽为特色，由问玉峡、悟玉峡、锁玉峡、望玉峡、得玉峡五道风景迥异的自然峡谷构成。

五道峡

谷内山峰一溪相连，平峙多恣，溪流清澈，四季奔腾，峡内优美的生态环境有助于气候条件的改善，峡区日平均温度 19 ℃。这里也是立国 800 年的楚国的摇篮。春秋战国时期，楚先王熊绎带领族人，凭借大荆山的天然屏障和它赐予的土地、物产，经过 350 多年的繁衍生息和励精图治，最终走出大山、问鼎中原。"一道峡入境，二道峡入画，三道峡入味，四道峡入胜，五道峡入神！"

九、春秋寨

南漳有一座古寨叫春秋寨，而关羽曾在这里夜读《春秋》。山寨高居鲤鱼山山脊，地势险要，山环水绕，有"一夫当关，万夫莫开"之地利。

一尊关公雕像高高地屹立在望月山的山崖上，气势霸气威武。两千年的历史烟云赋予了古山寨深厚的文化沉淀。

旧时操练或比武的场地兵营校场，相传历史上关公曾在此地设擂比武，广揽人才，演兵布阵，操练兵马。

春秋寨

十、汉城

　　几多英雄柔情，几多金戈铁马，才开启九州天下、盛世风华！这里是帝王之乡，汉光武帝故里，是英雄辈出的中原重地——枣阳。枣阳东靠"九省通衢"的武汉，西依历史文化名城襄阳，南临美丽富饶的江汉平原，北接中原文化核心的河南。魅力枣阳，厚重汉城，带你阅尽一段段跌宕起伏的历史故事。身处这座集汉代建筑精华与古典园林景观为一体的大型复古建筑群，仿佛穿越到了汉代，身临其境，倍感震撼。水墨色调的仿古建筑，美轮美奂，瞬间把人带入纷繁的故事画卷。

汉城

襄阳"侠客行"不尽如此，还有唐城、汉城、华侨城……都是行程中的打卡地。

本章小结

侠骨柔情，传颂千古；旅游线路，再现风华。当我们漫步在襄阳的古城街头，仿佛能听到历史的回声，感受到那份属于侠义之士的热血与激情。从三国时期的英勇善战，到近代的抗日英雄，襄阳的土地上留下了无数侠义之士的足迹。他们的事迹被传颂千古，成为襄阳这座城市最宝贵的文化财富。

今日，我们不仅要铭记这些历史英雄，更要传承他们的侠义精神。如今，这份侠义在襄阳依然处处可寻，人们的热情相助、正义之举，都是侠义精神的生动体现，他们都是在用自己的方式将侠义文化传递给更多的人。

而侠义襄阳的传承也在不断推进，通过各种文化活动、教育推广，让侠义的火种生生不息。沿着精心设计的侠义旅游路线，我们可以参观襄阳古城墙，感受那份历史的厚重；可以前往襄阳武术馆，学习一些基本的武术招式；还可以品尝襄阳的特色美食，如牛肉面、锅盔等，让味蕾也体验一番侠义之旅。我们仿佛能穿越时空，与那些侠义之士并肩同行。

从古老的城墙到宁静的街巷，从历史遗迹到民俗风情，每一处都诉说着侠义的过往与延续。在"侠义襄阳"的旅途中，你将会感受到那份独特的侠义精神，领略到襄阳这座城市的独特魅力。让我们一同踏上这条旅游路线，去探寻那些被时光尘封的英雄往事，去体验那份流淌在血脉中的侠义精神。侠义襄阳，不仅是这座城市的宝贵财富，更是我们所有人的精神寄托。让我们带着对侠义的敬仰与追求，继续前行，在生活中践行侠义之道，让襄阳的侠义光芒永远闪耀，让这条侠义旅游路线成为连接古今、传承精神的纽带，不断书写新的侠义篇章，让侠义襄阳的故事在岁月中永远流传。

参考文献

［1］网易手机网.襄阳城下的侠义与江湖［EB/OL］.2019 年 6 月 10 日.

［2］《中国三峡》.侠义襄阳城［J］.2019(9).

［3］襄宣在岘.侠义乃襄阳本色［EB/OL］.2023 年 6 月 9 日.

［4］光明网.侠之大者，为国为民｜宁夏《援襄英雄传》！愿沧海长笑，情义长存！［EB/OL］.2020 年 3 月 20 日.

［5］长江网.襄阳古城将添一"侠义襄阳"为底色主题文化街区［EB/OL］.2024 年 5 月 16 日.

［6］瞿秋白.(2021).瞿秋白的侠文化批评与文艺大众化运动.《山东师范大学学报：社会科学版》，66(5)，10－20.

［7］中国侠文化文化研究小组.(2021).中国侠文化研究 2020 年年度报告.《长江师范学院学报》，2021，(3)，5－15.

［8］湖北日报新闻客户端.襄阳这座书店，为金庸设了一面墙［EB/OL］.2022 年 9 月 8 日.

［9］邬晓芳，甘延成.湖北襄阳：金庸武侠第一城［EB/OL］.云上南漳，2022 年 9 月 9 日.

侠义襄阳实践活动记载表

姓名		班级		主题	
验证资料（图片、文字、视频等）					
准备阶段					
实施阶段					
总结阶段					
襄遇有礼					

第五章

诗画襄阳

　　"襄阳好风日，留醉与山翁。"襄阳，这座古城，自古以来便是文人墨客笔下的灵感之源。它以独特的地理位置和丰富的历史文化底蕴，吸引了无数文人墨客驻足停留，留下了许多脍炙人口的诗篇和画作。

第一节　诗画襄阳的诗经楚辞

　　中国文学的两大源头《诗经》《楚辞》均发源且交汇于汉水流域，《诗经·汉广》描写的汉水女神是中国文学史上最早、影响最深远的江河女神形象，一直演绎至今从未间断。历经千百年流传，汉水女神形象成了千万汉水女儿美丽、善良、聪慧、高贵的象征，寄托了汉水流域人民在不同时期、不同文化背景下对美的追求、善的推崇和情的向往。襄阳人宋玉和王逸是《楚辞》的主要作者，宋玉推动了楚辞向楚赋的转变，王逸编撰了《楚辞章句》。这里产生了大量吟诵襄阳山水之胜和美丽传说的古代诗歌，出版清晰、有据可查的达 2500 多首。

一、阳春白雪与下里巴人——宋玉

　　宋玉（前 298—前 222 年），字子渊，号鹿溪子，诗人，楚国鄢人，宋国公族后裔，生于楚国，曾事楚顷襄王，为楚国士大夫。战国著名辞赋家，与唐勒、景差齐名，在创作上颇受屈原影响，后人常以"屈宋"并称。著作《登徒子好色赋》成为传世佳作，"登徒子"也成为好色者的代名词；代表作《九辩》，堪称楚辞中体制宏大的杰作；他谱写的音律《阳春》《白雪》成为高雅音乐的代名词，所谓"下里巴人""阳春白雪"

"曲高和寡",这些典故皆他而来。始皇帝二十五年己卯(前 222 年)因病去世,享年76 岁。

二、汉水女神和襄阳万山

东汉大科学家张衡在《南都赋》里写道:"耕父扬光于清泠之渊,游女弄珠于汉皋之曲。"其大意是:神仙耕父有灵光,清泠之渊常来往。汉水之神叫游女,弄珠汉皋河曲上。唐代诗仙李白在《南都行》里写道:"丽华秀玉色,汉女娇朱颜。"其大意是:这里还是出美人的地方,如以美色著名的汉光武皇后阴丽华,娇艳美丽的汉皋游女等。这两位大家都写到了一个大美女(游女、汉女),她是谁?怎么有这大的魅力?这个美女就是汉水女神。

汉水女神第一次登台亮相是在《诗经·汉广》中。她被称为汉水游女,是以一个樵夫心上人的身份出现的,这首诗是这样写的:"南有乔木,不可休思;汉有游女,不可求思。汉之广矣,不可泳思;江之永矣,不可方思……"它的大意是这样的——南方有棵高大的楠树,我却不能在树下休息;汉水边有位美丽窈窕的少女,我却不能向她倾诉心意。碧波荡漾的汉水无限宽广,难以飞越,我恨不能生出一对翅膀;无边无际的汉江无限悠长,无法泳渡,让人无限哀伤。

汉水神女第二次登台亮相是在《韩诗外传》中。孔子南游楚国,来到了一个阿谷之隧的地方,穿过长长的隧道般的山谷,就来到了汉江边上,看到了两位戴着闪亮珍珠项链的少女正在江边洗衣服。两位姑娘清丽窈窕,勤劳利索,这让孔子心有所动。他就让自己的两位弟子送上了两份礼物,但是被这两位洗衣的女子婉言拒绝了:"无功不受禄,无缘不受赏。先生,我们谢谢您了。"在这个场面中出现的汉水神女,是有见识、知礼节的,是勤劳智慧的,是廉洁不贪的。

据晋·王嘉《拾遗记·周》载:周昭王二十四年,东瓯献二女,一名延娟,一名延娱。此二人辩口丽辞,巧善歌笑,步尘上无迹,行日中无影。后二女与昭王乘舟,同溺于汉水。这段话的意思是:周昭王二十四年(前 1027 年),浙江向昭王进献了两个美女,这两个人能言善辩,言辞华丽,机巧变化,会唱爱笑。走在土地上没有脚印,走在阳光下没有影子。后来这两个美女随周昭王征伐楚国,在返回国都乘船过汉江时,和周昭王一起溺死在汉江。

据文献记载,汉水神女生于在春秋战国以前,主要活动在汉水上游的汉中,中游的襄阳,下游的沔阳、天门等地。这些活动以襄阳为中心,其影响遍及汉水流域(参考梁中效《汉水女神考论》)。

简单介绍了这两个大美女。问题来了,那"汉皋"是啥意思?

《水经注》卷二十八《沔水》记载汉水流经湖北襄阳万山,"山下水曲之隈,云汉女昔游处也。故张衡《南都赋》曰:游女弄珠于汉皋之曲。汉皋,即万山之异名也。"这说明《韩诗内传》记载的"汉皋台""汉皋"就是襄阳附近的万山(与隆中山毗邻),为襄阳名山岘山的上岘。它地理位置特殊,东距古城襄阳 5 千米,西接古隆中风景区,南临秦巴古道(现襄隆景观大道),北抵汉江边。此地是汉水女神主要活动区域。追溯历史与文化,它当属早在春秋时期就以"神女弄珠"而闻名华夏。据襄阳学院魏平柱教授考证,弄珠的汉江二女神,可上溯到公元前977年陪周昭王南巡,乘"胶胶之船"过汉江时,"夹拥王身,同溺而亡"的延娟、延娱二位侍女,距今已近3000年了,比隆中因诸葛亮隐居而成名早1860多年,比岘山等城南诸山亦出名早1240多年,比鹿门山出名也应早1080多年。围绕万山0.5千米以内还有解佩渚、羊石庙、柳子关、万山潭、老龙堤等诸多文化遗址,可谓一步一故事,满山皆文化。

三、襄阳民俗节日——穿天节

"襄阳独有的民俗节日穿天节源于汉水女神。"李念介绍,中国流传下来的第一部神仙人物传《列仙传》中有个浪漫的爱情故事:周朝才子郑交甫在万山汉水之滨遇二女,都穿戴华丽服饰,腰系佩珠。但交甫不知二女是汉水女神,便上前称"愿请子之佩"。二女含笑不语,解下佩珠赠予交甫。交甫喜不自禁,接过佩珠,藏于怀中,道别后,转身离去,行数十步,回头望二女,已经杳无踪影,忙伸手探怀中佩珠,竟也已不见,至此方悟遇到汉水女神,不禁怅然若失。

这里的"佩珠",指的就是襄阳穿心石。襄阳穿心石也叫穿天石,是一种有孔窍的汉江石,因汉水女神、襄阳穿天节和产于汉江中游襄阳段而得名。

襄阳独有的民俗节日穿天节,也被称作襄阳的"情人节",反映了襄阳人民对爱情和美好生活的向往。李念表示,虽然郑交甫没有抓住机遇,但襄阳人抓住了这个机会,形成了自己独有的文化遗产——穿天节。每到"神女解佩"之日(正月廿一),青年男女来到襄阳万山汉江边,拿着象征着美好爱情、幸福吉祥的穿心石,祈求遇到心上之人。

襄阳是中国文学史家公认的唐诗高地,李白、杜甫、王维、孟浩然、张继、皮日休、白居易等唐代著名诗人都有吟诵襄阳或涉及襄阳题材的诗歌。《唐诗三百首》中就收有涉及襄阳的诗27首。

第一节　诗画襄阳的唐诗盛景

襄阳,这座被唐诗浸润的城市,自古以来便是文人墨客争相吟咏的圣地。从"襄阳好风日,留醉与山翁"的悠然自得,到"千里江陵一日还"的豪情壮志,再到"山随平野尽,江入大荒流"的壮阔景象,每一句诗都仿佛是一幅幅生动的画卷,将襄阳的山水之美、人文之韵展现得淋漓尽致。其中尤以唐诗为盛,多达300余首。襄阳是中国文学史家公认的唐诗高地,李白、杜甫、王维、孟浩然、张继、皮日休、白居易等唐代著名诗人都有吟诵襄阳或涉及襄阳题材的诗歌。《唐诗三百首》中就收有涉及襄阳的诗27首。

漫步在襄阳的街头巷尾,仿佛能够穿越时空,与那些古代的诗人们不期而遇。在古城墙上,你可以想象着李白曾在此登高望远,挥毫泼墨;在鹿门山前,你可以追寻孟浩然归隐田园的足迹,感受那份"岩扉松径长寂寥,唯有幽人自来去"的恬淡与宁静。

一、归隐鹿门山的诗人——孟浩然

一部大唐诗歌,半部襄阳历史。近五万首全唐诗篇,四千多首与襄阳有关,可谓唐诗五万首,十分之一有襄阳。襄阳是唐诗名城,鹿门是唐诗名山,这里是孟浩然诞生的地方,这里是唐诗璀璨的星空,这里是唐朝诗歌登峰造极者曾经汇聚的圣殿。让我们相约鹿门,走近唐诗,感受孟浩然及其友人的不朽诗篇,追寻诗人的人生轨迹,感悟他们的不朽诗心,抚摸襄阳唐诗文化的深厚底蕴,感受唐诗襄阳之美。

孟浩然(689—740 年),字浩然,号孟山人,襄州襄阳(今湖北襄阳)人,唐代著名的山水田园派诗人,世称"孟襄阳"。因他未曾入仕,又称之为"孟山人"。孟浩然生于盛唐,早年有志用世,在仕途困顿、痛苦失望后,尚能自重,不媚俗世,修道归隐终身。曾隐居鹿门山。40 岁时,游长安,应进士举不第,曾在太学赋诗,名动公卿,一座倾服,为之搁笔。开元二十五年(737 年)被张九龄招致幕府,后隐居。孟诗绝大部分为五言短篇,多写山水田园和隐居的逸兴以及羁旅行役的心情。其中无愤世嫉俗之词,更多的是诗人的自我表现。孟诗不事雕饰,伫兴造思,富有超妙自得之趣,而不流于寒俭枯瘠。他善于发掘自然和生活之美,即景会心,写出一时真切的感受,如《秋登万山寄张五》《夏日南亭怀辛大》《过故人庄》《春晓》《宿建德江》《夜归鹿门歌》等篇,自然浑成,而意境清迥,韵致流溢。孟浩然的诗在艺术上有独特的造诣,后人把孟浩然与盛唐另一山水诗人王维并称为"王孟",有《孟浩然集》三卷传世。盛唐时期形成的以王维、孟浩然为代表的诗歌流派,又称田园诗派,后人为了突出两人对田园诗派的突出作用也称为"王孟诗派"。该派有陶渊明、"二谢"(谢灵运、谢朓)诗之长,以山水田园风光和隐逸生活为主要题材,风格冲淡自然。孟浩然的诗已摆脱了初唐应制咏物的狭隘境界,更多地抒发了个人情怀,给开元诗坛带来了新鲜气息,并博得时人的倾慕。孟浩然是唐代第一个创作山水诗的诗人,是王维的先行者。他的旅游诗描写逼真,《望洞庭湖赠张丞相》写得气势磅礴,格调浑成。

孟浩然性爱山水,喜泛舟,"我家南渡头,惯习野人舟",正是适应了这性情。从涧南园到鹿门山,有近二十里的水程;从鹿门山到襄阳城,有三十里的水程,泛舟往返非常便利。也许是东汉初年的习郁修鹿门庙、建习家池给了他启示。光武帝封习郁为侯,其封邑在宜城。习家池则是习郁的私家园林,也就是"别墅"。习郁爱山水,而这三地联结,就构成了一条非常理想的游山玩水的路线。从宜城出发,泛舟汉水到鹿门山麓,"结缆事攀践",到鹿门庙祭祀神灵,欣赏山林景色。然后,下山登舟,经鱼梁洲到凤林山下,舍舟登岸至习家池别墅。从习家池回宜城可以泛舟,也可以沿着冠盖里骑马、乘车。习郁就是在这条线路上,享受着"光武中兴"带来的和平安宁的生活。而孟浩然则在这如画的山水间,领略着盛唐时代田园牧歌般的乐趣。

孟浩然墓在襄阳市襄城区东凤林南麓。其墓在唐德宗年间(780—805 年)有所"瘴坏",节度使樊泽"乃更为刻碑"与"封宠其墓"。清末存土冢。现高 1 米余,底径约 3 米,

保存尚好。孟浩然纪念馆于 2003 年新建,在襄阳市东南 15 千米处襄州区东津镇境内的鹿门山。始建于东汉建武年间的鹿门寺,魏晋以来曾是佛教圣地和文人雅士的聚集地。汉末名士庞德公、唐代诗人孟浩然、皮日休皆栖隐于此。鹿门寺现保存有石鹿、龙头喷泉、瀑雨池、天井、大殿等古建筑和宋、明、清三代碑刻,并有庞德公采药栖身洞、孟浩然亭、伏虎亭、望江亭等 16 个景点,群山环绕,清泉涓涓,周围的森林面积 2600 余亩,森林覆盖率 92.5%,已被列为国家森林公园。

《夜归鹿门山歌》①

孟浩然

山寺钟鸣昼已昏,渔梁渡头争渡喧。
人随沙路向江姑,余亦乘舟归鹿门。
鹿门月照开烟树,忽到庞公栖隐处。
岩扉松径长寂寥,惟有幽人自来去。

《襄阳公宅饮》②

孟浩然

窈窕夕阳佳,丰茸春色好。
欲觅淹留处,无过狭斜道。
绮席卷龙须,香杯浮玛瑙。
北林积修树,南池生别岛。
手拨金翠花,心迷玉红草。
谈天光六义,发论明三倒。
座非陈子惊,门还魏公扫。
荣辱应无间,欢娱当共保。

《九日怀襄阳》③

孟浩然

去国似如昨,倏然经秒秋。

---

① 李翔蓍.孟浩然诗全集.湖北:崇文书局,2022.
② 同上引。
③ 李翔蓍.孟浩然诗全集.湖北:崇文书局,2022.

岘山不可见，风景令人愁。

谁采篱下菊，应闲池上楼。

宜城多美酒，归与葛强游。

【孟浩然的情义重过生命】

孟浩然，一位歌颂田园的诗人，出生在襄阳，世称孟襄阳。和诸葛亮不同，他渴望自己的鸿鹄之志用于治国。可惜仕途困顿，痛苦失望后，最终归隐。

民间有一句俗语：生就的骨头长就的肉。在反复无常的命运颠簸后，孟浩然重新回到他应有的原点。他的一些诗往往在白描之中见整炼之致，经纬绵密处却似不经意道出。"故人具鸡黍，邀我至田家。绿树村边合，青山郭外斜。开轩面场圃，把酒话桑麻。待到重阳日，还来就菊花。"（《过故人庄》）

每个人都不清楚，哪条路通向自己最终的目的地，远方是大而无形的希望。经过跋涉与灼热、痛苦后的失望，孟浩然以诗歌的方式携带着故土开启了流浪。对故土的谙熟使孟浩然不需要用眼睛来盛载它。经历痛苦，是为了收获经验，一支笔使一切追求成为最终的功名。

公元741年，王昌龄游襄阳，当时孟浩然患有痈疽，是一种毒疮，将要治愈了，大夫嘱咐他不要喝酒、吃鱼鲜。然而，"朋友这杯酒最珍贵"。

正如古龙说过的："其实，我不是很爱喝酒的。我爱的不是酒的味道，而是喝酒时的朋友，还有喝过了酒的气氛和趣味，这种气氛只有酒才能制造得出来。"

一道道美味大餐让孟浩然食指大动，结果，王昌龄还没离开襄阳，孟因为喝酒、吃鱼，病发去世。

筵席最后都是散，一场筵席完成了人间最有情义的离别。

人间是多种力量争夺的阵地，是名利场的风口浪尖，从生命的开始到生命的终结，人生作为放大镜和显微镜式的舞台，每个人上演的戏有着十二分的精彩，看热闹的资源取之不尽，而真正能留下的中国好故事不多。

孟浩然用诗歌成就了中国故事。读他的诗犹如纳凉看夕阳、池月，到微风飒来，到荷风送香，到竹露滴响，然后，由鸣琴而联想到知己好友。所感触到的全部是襄阳花草蓊郁和情感幽怀。和同时代的诗人比，不似李白的豪纵，不似王维的深邃，不似杜甫的沉郁，却着实是孟襄阳的清雅。

二、叹天下疾苦的诗人——皮日休

皮日休（约838—约883年），字袭美，一字逸少，曾居襄阳鹿门山、号鹿门子，复州竟陵（今湖北天门）人，晚唐诗人、文学家。皮日休于咸通八年（867年）进士及第，历任苏州刺史从事、著作局校书郎、太常博士、毗陵副使。黄巢称帝后，任翰林学士（《唐才子传》）。中和三年（883年），黄巢败亡后，皮日休下落不明。皮日休与陆龟蒙齐名，世称"皮陆"。他的诗文兼有奇、朴二态，且多同情民间疾苦之作，对于社会民生有深刻的洞察和思考。著有《皮日休集》《皮子》《皮氏鹿门家钞》等。其诗文多抨击时弊、同情人民疾苦，反映了晚唐的社

会现实,暴露了统治阶级的腐朽,反映了人民所受的剥削和压迫。现存皮日休诗文均作于他参加黄巢起义军以前,《忧赋》《河桥赋》《霍山赋》《桃花赋》《九讽》《十原》《鹿门隐书》等,为有所为而作。他的诗有两种不同的风格:一种继承白居易新乐府传统,以《正乐府》十首为代表;另一种走韩愈逞奇斗险之路,以在苏州时与陆龟蒙唱和描写吴中山水之作为代表。

《鲁望读襄阳耆旧传见赠五百言过褒庸材靡有称》(节选)

皮日休

汉水碧于天,南荆廓然秀。庐罗遵古俗,鄢郢迷昔囿。
幽奇无得状,巉绝不能究。兴替忽矣新,山川悄然旧。
斑斑生造士,一一应玄宿。巴庸乃崟岨,屈景实豪右。
是非既自分,泾渭不相就。粤自灵均来,清才若天漱。
伟哉洞上隐,卓尔隆中耨。始将麋鹿狎,遂与麒麟斗。
万乘不可谒,千钟固非茂。爰从景升死,境上多兵候。
檀溪试戈船,岘岭屯贝胄。寂寞数百年,质唯包砾琇。
上玄赏唐德,生贤命之授。是为汉阳王,帝曰俞尔奏。
巨德牟神鬼,宏才轹前后。势端唯金茎,质古乃玉豆。

除了古代诗人的足迹,襄阳的唐诗盛景还体现在现代的诗歌创作与传承之中。近年来,襄阳市积极推广唐诗文化,举办了多场以唐诗为主题的诗歌朗诵会、研讨会和文艺演出等活动。这些活动不仅让市民们近距离地感受到了唐诗的魅力,还激发了他们创作诗歌的热情和灵感。

同时,襄阳市还依托本地丰富的自然资源和人文景观,打造了一批以唐诗为主题的旅游线路和景区。游客们可以在游览的过程中,一边欣赏美丽的自然风光,一边品味唐诗的韵味和意境。这些旅游线路和景区的推出,不仅丰富了游客们的旅游体验,还进一步提升了襄阳的文化软实力和知名度。

总之,诗画襄阳的唐诗盛景是这座城市宝贵的文化遗产和精神财富。我们应该珍惜并传承这些文化遗产,让它们在新时代焕发出新的光彩和活力。同时,我们也应该积极推广和宣传这些文化遗产,让更多的人了解和认识襄阳这座美丽的城市。

第一节 其他涉及襄阳题材诗作

《襄阳曲》[①]

李 白

襄阳行乐处,歌舞白铜鞮。

江城回绿水,花月使人迷。

山公醉酒时,酩酊高阳下。

头上白接篱,倒著还骑马。

岘山临汉水,水绿沙如雪。

上有堕泪碑,青苔久磨灭。

且醉习家池,莫看堕泪碑。

山公欲上马,笑杀襄阳儿。

《登襄阳城》

唐·杜审言

旅客三秋至,层城四望开。

楚山横地出,汉水接天回。

冠盖非新里,章华即旧台。

习池风景异,归路满尘埃。

《游襄阳怀孟浩然》

唐·白居易

楚山碧岩岩,汉水碧汤汤。

秀气结成象,孟氏之文章。

今我讽遗文,思人至其乡。

清风无人继,日暮空襄阳。

南望鹿门山,蔼若有余芳。

旧隐不知处,云深树苍苍。

《襄阳歌》

李 白

落日欲没岘山西,倒著接篱花下迷。

襄阳小儿齐拍手,拦街争唱《白铜鞮》。

① 王琦,注.李太白全集.北京:中华书局,2015.

旁人借问笑何事，笑杀山公醉似泥。

鸬鹚杓，鹦鹉杯。

百年三万六千日，一日须倾三百杯。

遥看汉水鸭头绿，恰似葡萄初酦醅。

此江若变作春酒，垒曲便筑糟丘台。

千金骏马换小妾，醉坐雕鞍歌《落梅》。

车旁侧挂一壶酒，凤笙龙管行相催。

咸阳市中叹黄犬，何如月下倾金罍？

君不见晋朝羊公一片石，龟头剥落生莓苔。

泪亦不能为之堕，心亦不能为之哀。

清风朗月不用一钱买，玉山自倒非人推。

舒州杓，力士铛，李白与尔同死生。

襄王云雨今安在？江水东流猿夜声。

《汉江临泛/汉江临眺》
王　维

楚塞三湘接，荆门九派通。

江流天地外，山色有无中。

郡邑浮前浦，波澜动远空。

襄阳好风日，留醉与山翁。

《登襄阳岘山》
张九龄

昔年亟攀践，征马复来过。

信若山川旧，谁知岁月何！

蜀相吟安在？羊公碣已磨。

令图犹寂寞，嘉会亦蹉跎。

宛宛樊城岸，悠悠汉水波。

逶迤春日远，感寄客情多。

地本原林秀，朝来烟景和。

同心不同赏，留叹此岩阿。

《与诸子登岘山》
孟浩然

人事有代谢，往来成古今。

江山留胜迹，我辈复登临。

水落鱼梁浅，天寒梦泽深。

羊公碑字在，读罢泪沾襟。

《题襄阳图》

徐安贞

画得襄阳郡，依然见昔游。

岘山思驻马，汉水忆回舟。

丹壑常含霁，青林不换秋。

图书空咫尺，千里意悠悠。

第四节　书法之城代表人——米芾

　　襄阳是"中国书法名城"，历史上代表性人物有三国时期的梁鹄、邯郸淳，隋唐时期的丁道护、杜审言，北宋时期的米芾、米友仁、张友正等。米芾，世称"米襄阳"，与苏轼、黄庭坚、蔡襄合称"宋四家"，他的画以"米点山水"著称于世，他的《研山铭》成为千百年来人们习书临摹的法帖。米公祠是研究米氏书法绘画艺术及中国书法史的重要资料库，被誉为"千年书家圣地，南派园林典范"。位于湖北省襄阳市樊城区沿江大道 2 号，原名米家庵。始建于元，扩建于明，占地约16000 平方米，是全国保存最完整的米芾纪念建筑。

米公祠前后为四进院落,坐北朝南。祠内主要由洁亭、拜殿、宝晋斋、仰高堂等建筑以及新建的碑廊和东、西两苑组成。建筑中仍保留着元砖、明代古树以及清代建筑、石刻和康熙年间建造的45块碑刻和其他碑刻145碣。祠内亭台廊榭错落有致,400余年的明代银杏巍峨参天。1956年,米公祠及其石刻被公布为湖北省级重点文物保护单位。2006年5月25日,米公祠被中华人民共和国国务院公布为第六批全国重点文物保护单位。

米芾的字情绪饱满,有意蕴,有墨趣,如戏剧人物的身段手势,行云流水,又蕴含力度。不过也有用笔多变时,比如正侧藏露,长短粗细,体态万千,灵动而极富生命感。

米芾之狂气在《宋史》中记载得十分传神。

宋徽宗初次诏米芾入宫,请他先在御用屏风上书写《周官》某篇。米芾奋笔疾书,完成后掷笔在地上,并大咧咧地声称:洗去二王所写的烂字,才能照耀大宋皇帝万年。要知道,宋徽宗可是王羲之、王献之的"天字第一号铁粉"。听到米芾的狂言,悄悄站在屏风后面的宋徽宗竟不由自主地走了出来,仔细欣赏他的书法。其实,米芾得以在高手如林的北宋书法界称雄,得益于他扎扎实实的功底,从二王到颜柳,他都曾经一丝不苟地临摹和揣摩,尽得前辈精华。

传说米芾个性怪异,一个北宋人喜穿唐服,嗜洁成癖,遇见山石即称兄道弟,常常膜拜不已,人称"米颠子"。

写瘦金体的宋徽宗赵佶很喜欢米芾的书法,经常诏他进宫写字。有一次,米芾给皇帝写完字后,偷窥皇帝的御用砚台,就对宋徽宗说:"皇上的砚台不能给庶民用,而如今被我用过了,臣子是低等的,既然这砚台已经被我玷污了,皇上就送给我吧!"宋徽宗还没有回应,米芾拿起砚台揣在怀里跑了,宋徽宗的笑声跟随他走了好远。

米芾爱砚而深爱石头。他把玩异石砚台,有时甚至到了痴迷之态。据《梁溪漫志》记载:米芾在安徽无为做官时,听说濡须水边有一块奇形怪石,当时人们出于迷信以为神仙之石,不敢妄加擅动,怕招来不测,而米芾立刻派人将其搬进自己的寓所,摆好供桌,上好供品,向怪石下拜,念念有词:"亲爱的老朋友,相见恨晚,相见恨晚。"此事被传了出去,米芾有失官方体面之嫌,被人弹劾而罢了官。

米芾的隐是一种大隐,他乐于用他的方式来与世界沟通,在他自己的世界里寻找神话的可能,一半是谋生,一半是供养烟云,把不可能的高处市井化。市井多么美好,辣椒和葱爆肉丝的味道,所有的高贵就成了人间烟火。

本章小结

襄阳自古以来是文人墨客流连忘返的休憩之地,在襄阳感受自然风光,欣赏山水美景,感叹人生际遇,抒发胸中意志,歌以咏志,文以抒怀,细细品读襄阳诗词来体悟文人的人生情感。

以文化人、以文惠民、以文润城、以文兴业，展现城市文化特色和精神气质，是传承发展城市文化、培育滋养城市文明的目的所在。

——习近平2024年2月1日至2日赴天津看望慰问基层干部群众时的讲话

推荐书目

《襄阳古城探秘》：一本深入挖掘襄阳古城历史与文化的书籍，带领读者穿梭于古朴的街巷，感受千年古城的韵味。

《襄阳文化大观》：这本书详细介绍了襄阳丰富的文化遗产，从历史名胜到民间艺术，从传统节庆到地方美食，无所不包。

《诗韵襄阳》：收录了历代诗人对襄阳的赞美诗篇，通过诗歌的韵律，展现了襄阳的自然风光和人文情怀。

《画中游襄阳》：一本以画册形式呈现的书籍，通过精美的插画和摄影，读者仿佛置身于襄阳的山水之间。

《襄阳历史名人录》：这本书讲述了襄阳历史上杰出人物的故事，从政治家到文学家，从军事家到艺术家，展现了襄阳的人杰地灵。

《襄阳风光画册》：精选襄阳自然与人文景观的摄影作品，每一张图片都是一幅动人的画卷，让人流连忘返。

《襄阳美食之旅》：一本介绍襄阳特色美食的指南，从传统小吃到地方大菜，从街头巷尾到老字号，带你品尝襄阳的味道。

《襄阳古建筑艺术》：这本书深入探讨了襄阳古建筑的艺术价值和历史意义，通过翔实的资料和图片，让读者领略古建筑之美。

《襄阳民俗风情录》：记录了襄阳地区独特的民俗活动和风土人情，通过生动的描述和丰富的实例，读者可以感受襄阳的地域特色。

《襄阳文学作品选》：精选了与襄阳有关的文学作品，包括诗歌、散文、小说等，通过文字的描绘，让读者在阅读中游历襄阳。

诗画襄阳实践活动记载表

姓名		班级		主题	
验证资料（图片、文字、视频等）					
准备阶段					
实施阶段					
总结阶段					
襄遇有礼					

科教襄阳

在湖北教育界,襄阳早已成为一方教育高地。这可以从襄阳基础教育一路飙升的高考成绩找到印证。毋庸置疑,高考成绩是反映襄阳基础教育综合实力的"硬指标"。襄阳基础教育风生水起是机制创新实现区域教育高位均衡发展的结果。正是均衡发展的基础教育,造就了襄阳高中教育的"金字塔"式结构。襄阳教育,除了显著的教育教学质量外,还在于有一批想干事、能干事、干成事的教育家型校长、教师,这才是襄阳教育最大的财富,也是襄派教育家精神。"襄派教育家"之"襄",一是指地域,"襄"为襄阳的简称;二是"襄"字有"帮助、辅佐、上举、昂起"等意义,与教育使人向上、向善的真义契合;三是"襄"字古义丰富,如辟地有德曰襄、甲胄有劳曰襄、因事有功曰襄、执心克刚曰襄,也有"解衣而耕谓之襄"之说。"襄派教育家"之"派",指风格、特色。

第一节　襄派科教自立

一、襄派科技自立

"十三五"以来,襄阳市高度重视科技创新工作,深入实施创新驱动发展战略,科技创新能力明显增强,科技创新资源加速集聚,高新技术产业增加值突破千亿大关,科技成果转移转化成效显著,区域创新创业生态持续优化。

当前,世界面临百年未有之大变局,新一轮科技革命和产业变革正在重构全球创新版图、重塑全球经济结构。我国经济迈入高质量发展阶段,创新成为引领发展的第一动力,科技自立自强成为国家发展的战略支撑。面对国际形势变化与国家发展需求,全国各地纷纷加强科技创新战略布局,加快围绕产业链部署创新链、围绕创新链布局产业链,进一步提升区域科技创新竞争力。

"十四五"时期是襄阳市贯彻新发展理念、推动高质量发展的关键时期,也是全面提升科技创新能力、建设高水平创新型城市,加快建设美丽襄阳,率先实现绿色崛起的关键阶段。

根据国家、湖北省科技创新"十四五"规划和《襄阳市国民经济和社会发展第十四个五年规划和二〇三五远景目标纲要》襄阳气派教育家的使命是共同办好更高水平人民满意教育，襄阳的优秀校长、优秀教师、优秀班主任、优秀教育工作者要胸怀一颗不同凡响的心，应该有教育家理想、教育家情怀、教育家成就，不断地完善自我、超越自我。他们之中，有同时拥有"襄阳市隆中名师"和"湖北省特级教师"头衔的第一人，"是想让孩子知道，只有掌握知识，有一定本领才能走出大山去看世界，才能改变自己的人生"的崔德丽；有创办"与世界一起奔跑"的学校，让师生在奔跑中与时代共舞、在奔跑中看见整个世界，每到一所学校都能将学校带向一个新的高度的特级教师张德兰；有带领团队创造了让很多同行仰视的业绩，认为"只有做一个精神明亮的教师，获得感、幸福感才能不断增长，而要想成为精神明亮的教师，就要敢为人先、有专业精深的底气，要真诚无私、踏实肯干、终身学习"的全国人大代表、襄阳四中校长李静；有强力推进"严教严学严管严考"，从黑发满头到双鬓染霜，引领学校事业阔步前进，推动学校与地方深度融合、优化服务成效、固化合作成果的丁世学；有坚守岗位、爱生如子，善于把现代教育技术与英语教学相融合，优化教学环节的丁罕冬。

二、襄派教育自立

襄阳教育家的主体是杰出校长和优秀教师，能够成为"襄派教育家"的人都是有故事、有思想、有成果的教育者。每一位"襄派教育家"都是一个优秀的生命样本，他们都是从一线走出来的，创造了教育业绩，都有自己的教育主张和成果，具有一定的代表性。同时，襄阳立足本市市情，根据现有资源打造自己的科教区域发展中心。

高水平发展襄阳（高新）科技城。规划建设一流创新平台，大力引进国内外高端创新资源，加快推进生物样本库、毫米波雷达应用研发中心等重大创新平台建设，积极争取重大科技基础设施落地，规划建设科技服务产业园，导入多类型科技服务机构，搭建公共技术服务平台，打造高水平科技创新与成果转化基地、高端人才集聚地。

高品质打造襄阳（尹集）大学城。支持本地高校扩大规模，加快推进湖北文理学院迁建，加快湖北文理学院理工学院、襄阳汽车职业技术学院建设，提升襄阳职教园、军警培训基地教学能力，支持本地高校与企业合作设立实习实训基地，支持本地高校与国内一流高校院所合作设立研发平台与新兴学科，提升科研水平与教学能力，打造高水平、高技能人才培育高地。

高标准建设襄阳（东津）科学城。高标准建设湖北隆中实验室，加快武汉理工大学专业学位研究生培养模式改革襄阳示范区、华中农业大学襄阳校区（现代农业研究院）建设，面向全国引进知名大学和科研机构来襄阳市设立分校区（分中心），布局一批交叉融合创新平台，深入推进科教融合、产教融合，加快高水平产业应用人才培养，推进高校院所科技成果在襄阳落地转化，打造高能级科教融合创新中心。

第一节　襄派科教自信

一、襄派科技自信

襄阳科教发展助推襄阳（襄樊）市快速发展。回顾历史（1950—1999 年），襄阳（襄樊）市完成六次跳跃后，迅速成为集现代化城市、明星工业城市、全国重要城市、区域核心城市等特征于一身的中国重要的现代化明星大城市和鄂豫陕渝毗邻地区中心城市。

第一跳，1950 年跃入城市行列，设立襄樊市，成为新中国成立后湖北省首个获批设立的建制市，获得了发展先机。襄樊市紧跟现代化浪潮大兴土木，建设现代化城市，拓展城市骨架，形成工业集聚区，为国家布局产业项目和交通枢纽创造了契机。

第二跳，60 年代国家启动三线产业建设，选定襄阳重点投资，构成三线产业集聚区，襄阳随之一跃为全国重要的工业核心城市。同期启动一批铁路公路等交通项目，使襄阳成为全国交通枢纽。

第三跳，70 年代超前思想推进地区改革开放，聚焦科学技术，大力发展地方工业，计算机设备厂、电视机厂、棉纺厂、橡胶厂等一批处于时代风口浪尖的企业迅速崛起，构成了与三线工业相媲美的"双驱"龙头产业体系，引起了中央极大的兴趣和高度重视，被国家机构称为现代工业样板城市，也是全国最早的一批改革开放样板城市。

第四跳，80 年代中国第二汽车制造厂战略东移襄阳，建立第二基地，地方工业体系更加完善，实现全国骨干产业全覆盖，省内外数万民众聚集襄阳大展宏图，助力拥有强大产业体系的襄阳成为中等城市领军者，与无锡、南通等地入选"中国十大明星工业城市"，排在首位。此时，襄阳地区生产总值高于长沙、合肥等省会。

第五跳，90 年代襄阳获批设立高层次开发区，成为影响周边地区的"政策特区"，投资优势和改革开放环境仅次于沿海城市和部分省会级城市。1992 年 1 月，湖北省政府批准正式成立襄樊汽车产业开发区，同年 11 月获国务院批准设立国家级襄阳高新技术产业开发区。两个高能级平台的建立，为襄阳从中等城市升格为大城市起到了至关重要的作用。

第六跳，迎来 21 世纪前的高光时刻。1996 年，国务院明确襄阳市为"鄂、豫、渝、陕毗邻地区的中心城市"，国家建设部确定襄樊市为大城市。襄阳以较大的城市建成区、较强的现代化产业、较多的科技人才，以及人口优势，入围全国 42 个大城市序列，也是辐射范围达 30 万平方千米的区域性中心城市，在鄂豫陕渝区域战略地位仅次于重庆、武汉、西安、郑州等。

"十三五"期间，襄阳市建成襄阳科技城、汉江检测认证产业园、智能网联汽车自动驾驶封闭场地测试基地等一批专业化特色园区。成功举办第七届中国创新创业大赛湖北赛区总决赛、汉江创客英雄会、隆中对创新创业大赛等多场创新创业活动，襄阳高新区获批建设国家双创示范基地。省级以上孵化器、众创空间、星创天地总数达 68 家，孵化总面积超过 102 万平方米,在孵企业 2049 家。深化全域创新,襄阳市获批建设国家农业科技园区,枣阳市、老河口市获批建设省级高新区,谷城县、枣阳市、保康县获批省级创新型县(市、区)。取得以上成就归结起来原因两点,一是聚焦核心技术攻关,组织实施科技专项。科创工作围绕全市"135"产业体系暨 13 条先进制造业产业链,组织实施省市级科技项目 470 多个,突破了一批制约襄阳产业高质量发展的关键共性核心技术。探索科研项目"揭榜挂帅",累计发布"揭榜制"科研项目 24 个,吸引 30 多家科研单位揭榜,确定参与项目实施的合作单位 13 家。二是深化产学研合作,加速科技成果转化。近三年开展成果转化活动 12 场,促进科技成果转化 500 余项,完成技术合同交易额 471 亿元。2023 年 1～7 月,全市技术合同成交额 154.59 亿元,同比增速 78.63%。与华中科技大学、武汉理工大学等高校签订校地合作协议,常态化开展"联百校·转千果""襄十随神"科技成果转化推介会等重大产学研对接,推动科技成果在襄阳落地转化。

二、襄派教育自信

历史上,襄阳人才辈出。三国名臣诸葛亮,《出师表》名垂千古;唐代诗人孟浩然,盛唐山水田园诗派第一人;北宋书画家米芾的《蜀素帖》,被后人誉为"中华第一美帖"。新时代,襄阳人才济济。连续 10 年,襄阳市高考考生上省线率、本科上线率、高分段人数比例等多项指标位居湖北省前列。2012 年 2 月,中共襄阳市委办公室、襄阳市政府办公室联合下发《隆中名师工程实施方案》,每年遴选"隆中名师"培养对象 40 名、"隆中名校长"培养对象 6 名,通过培养造就一支名师队伍,带动全市教师队伍整体素质提升和教育事业科学发展。目前,"隆中名师"和"隆中名校长"已经成为襄阳的"教育名片",获评教师在各自学科领域内,创造了卓越的成绩,并通过成立名师工作室,开展教学交流,带动了一大批青年教师快速成长。

2021 年 9 月 10 日,襄阳市教育局为首批 160 个"教育世家"授牌,表彰他们对襄阳教育事业所做出的贡献。"教育世家"经个人申报,由县(市区)教育局审核、推荐,襄阳市教育局组织专家评审之后最终确定入选名单。2022 年 3 月,襄阳启动 2022 年度"教坛新秀"评审认定工作,拟选拔 100 名青年教师予以表彰,以推动青年教师队伍发展。

作为襄阳教育发展的十大重点工程之一,襄阳市教育局将全市在职在岗的湖北名师、特级教师、正高级教师、隆中名师、隆中名校长等高端人才纳入"襄派教育家"培养对象,打破专业成长天花板,激励教师不断超越自己。该工程累计投入专项经费 1000 万元,共评出"襄派教育家"40 名,培训"襄派教育家"培养对象 500 名。

在工程实施过程中,襄阳市教育局与北京师范大学联合组织"襄派教育家"培养对象高级研修班,通过"1356"培养模式,即咬定一个目标、实施"三名工程"、完成"五个一"研修任务、做到"六个结合",打造具有襄阳风格、襄阳特色、襄阳情怀和襄阳气派的本土教育家。

"襄派教育家"是襄阳教育的宝贵财富,是襄阳高层次人才队伍的重要组成部分,也是襄阳一张新的城市名片。襄阳市保康县黄堡镇中心学校英语教师崔德丽,同时拥有"隆中名师"和"湖北省特级教师"头衔,在获得"襄派教育家"称号后,她感慨道:"这个称号承载着沉甸甸的责任。我将践行终身学习的理念,推进现代教育技术与学科教学深度融合,做名副其实的'襄派教育家'。"

襄阳教育成绩斐然,离不开高素质教师队伍的支撑。襄阳教育系统以立德树人为根本任务,以改革创新为动力,以鲜明的用人导向点燃教育工作者干事创业的热情,打造了一支有"精兵"、有"强将"、焕发着勃勃生机的教师队伍。

第一节 襄派科教自强

一、襄派科技自强

科技创新是百年未有之大变局的关键变量,也是高质量发展的最大增量。2023年,襄阳市科技系统深入贯彻党的二十大精神和习近平总书记关于科技创新的重要论述,大力弘扬"四下基层"优良传统,统筹推进主体培育、平台建设、成果转化等重点工作,全市科技创新综合实力加快提升,创新驱动发展实效显著增强。

构建科技创新发展新格局。打造区域性科技创新中心,既是省委、省政府交给襄阳的重要任务,也是襄阳以创新驱动高质量发展、实现绿色崛起的关键举措。

经过几年发展,襄阳市科技创新工作以全市发展为大局,建设区域性科技创新中心,构建科技创新发展新格局。推进了国家可持续发展议程创新示范区和国家农业高新技术产业示范区建设,以及加深了科技创新与社会发展、现代农业深度融合。此外,高新区成功获评全国"企业创新积分制"试点园区;谷城县成功入围国家级创新型县(市)建设名单;枣阳市成功创建湖北省创新型县(市、区);宜城市被确定为省级创新型县(市、区)建设单位。

提升创新发展支撑能力。科技创新平台是科技基础设施建设的重要内容,是培育和发展高新技术产业的主要载体,是科技创新体系的重要支撑,更是科技进步、经济增长和社会发展的加速器。近年来,襄阳市重大科技创新平台建设"快马加鞭",逐步构建起以重点实验室为引领、以各类高水平研发机构为支撑的科技创新平台体系,同时坚持市场导向和实用导向,提升创新平台建设效能,搭建起各类创新主体、创新要素供需对接的开放系统。此外,襄阳市谋划建设大湾区华科城(襄阳)科创中心,构建科技创新开放新格局。

二、襄派教育自强

为构建高质量教育体系,加快推进襄阳教育现代化,率先建成教育强市,襄阳当地根据本地实际和《中国教育现代化2035》《湖北省教育现代化2035》《湖北省教育事业发展"十四五"规划》以及《襄阳市国民经济和社会发展第十四个五年规划和二○三五年远景目标纲要》有关精神,制定教育发展规划。

到 2025 年,教育发展不平衡不充分的矛盾得到有效缓解,更完备、更高质量的现代国民教育体系加速构建,教育现代化取得突破性进展,教育改革深入推进,教育治理体系和治理能力现代化水平进一步提升,教育发展质量和整体水平显著提高,教育引领与服务襄阳高质量发展能力显著增强,努力打造中西部教育改革发展引领示范区和区域性教育中心城市,为总体实现教育现代化、全面建成汉江流域教育强市和人力资源强市奠定坚实基础。

基本建成汉江流域和省域基础教育强市。实现学前教育普惠优质发展,全市公办园和普惠性民办园覆盖面大幅增加,基本建成普惠优质的学前教育公共服务体系。高水平普及义务教育,推进义务教育优质均衡发展,县域义务教育优质均衡创建工作成效显著。普及高中阶段教育,实现高中阶段教育优质、协调、特色、多样发展,建成满足适龄人口就学、升学、就业要求的高质量高中阶段教育。

建成国家产教融合型示范城市。适应高质量发展需求,推动校企紧密合作、产教深度融合,职业教育类型特色更加鲜明,打造体系更加完善、服务能力显著提高的现代职业教育体系。全面推进技能型社会建设,教育链、人才链与产业链、创新链实现有机衔接,建成国家首批产教融合建设试点城市。

建引领支撑襄阳及“襄十随神”城市群建设发展的高等教育资源板块和教育体系。加快扩充高等教育资源,支持高校扩大现有办学规模,增强人才培养能力,提高办学质量,优化人才供给结构,增强服务地方创新发展能力。在现有基础上,再引进 1 至 2 所优质高校来襄办学。到 2025 年,高校数量和优质高校分支教育机构达到 8 所左右,高等教育办学规模达到 10 万人,建成与中部地区重点城市、汉江流域中心城市和省域副中心城市地位相匹配的高等教育体系。

建设湖北省和汉江流域全民终身学习示范区。健全全民终身学习推进机制,完善多层级全民终身学习资源体系,建成服务区域各类人群终身学习的公共服务平台,开展全民终身学习活动,提供多样化终身教育服务,满足人民群众终身学习需要,率先建成学习型城市、学习型社会。

推动高等教育跨越式突破发展。推进襄阳汽车职业技术学院提级工作,支持襄阳技师学院推进高等职业教育申报和提级工作。协助推进“武汉理工大学专业硕士培养模式改革示范区”项目、华中农业大学现代农业研究院(襄阳分校区)项目;加快推进湖北文理学院迁建和襄阳职业技术学院二期工程建设。协助做好湖北隆中实验室建设工作。积极支持湖北文理学院“一流”学科和综合性大学建设,大力支持襄阳职业技术学院、襄阳汽车职业技术学院融入国家、省高职院校“双高”计划。

本章小结

襄阳教育在近年来取得了显著的进步,但同时也面临一系列挑战和原因,以下是对这些原因的分析:襄阳作为历史文化名城,历来重视教育事业的发展。近年来,随着政府的大力支持和社会的广泛参与,襄阳教育在基础设施建设、师资队伍建设和教育资源配置等方面取得了显著进步。襄阳教育面临教育资源分布不均、师资队伍建设不足、家庭教育缺失、教育体制改革滞后、社会文化影响等问题。需要在以下几个方面进行改进:优化教育资源配置、加强师资队伍建设、加强家庭教育指导、推进教育体制改革、传承与创新并重。

习言习语

"科技创新能够催生新产业、新模式、新动能,是发展新质生产力的核心要素。这就要求我们加强科技创新特别是原创性、颠覆性科技创新,加快实现高水平科技自立自强。"

——2024年1月,习近平总书记在主持二十届中央政治局第十一次集体学习时指出

希望同学们树立远大志向,珍惜美好时光,坚持德智体美劳全面发展,争做爱党爱国、自立自强、奋发向上的新时代好少年,努力成长为堪当强国建设、民族复兴大任的栋梁之材。

——2024年5月30日,在"六一"国际儿童节来临之际,习近平总书记回信勉励四川省南充市嘉陵区之江小学学生

科教襄阳实践活动记载表

姓名		班级		主题	

验证资料（图片、文字、视频等）					

准备阶段	
实施阶段	
总结阶段	
襄遇有礼	

第七章

"襄"土难舍

"襄阳行乐处，歌舞白铜鞮。江城回绿水，花月使人迷。"①江水环绕江城，花月交相辉映，勾勒出襄阳的欢乐氛围和迷人风光。家乡，是每个人心中永恒的港湾，是岁月长河中无法磨灭的印记。对于每一位襄阳游子来说，家乡是那座有着悠久历史和深厚文化底蕴的城市。古老的城墙屹立不倒，仿佛在诉说着往昔的故事；悠悠的汉水奔腾不息，恰似岁月的流淌从未停歇。近年来，襄阳市在经济发展、环境保护、城市建设等方面都取得了显著的成就。"襄阳造"的含新量、含绿量逐年提升，经历了"襄水之阳"迈向"新蓝图"、"鄂北粮仓"跃向"绿富美"、"特色小镇"走向"新联动"的一系列蝶变，生态美、环境美、城市美、乡村美、山水美、人文美逐渐成为襄阳常态。

第一节　名称蝶变："襄水之阳"迈向"新蓝图"

襄阳名称的由来有多种说法，一是方位说，襄阳位于襄水之阳，古人称山之南、水之北为阳，因此得名襄阳；二是汉水说，汉水在襄阳附近曾有改道，襄阳在改道前位于襄江之阳，故名襄阳；三是襄山说，襄阳因襄山而得名，但这种说法与襄阳的地理情况不太符合；也有观点认为襄阳的得名与牛郎织女的神话传说有关，或与当地的历史文化传统有关。目前，"襄阳因位于襄水之阳而得名"的说法被较多人认可。但地名的由来往往具有多种因素和历史演变，无论如何，襄阳作为一个历史悠久的城市，其名称承载了丰富的文化内涵和历史记忆，可以从文化、地理、历史及隶属等四个方面探源。

---

① 李白.襄阳曲四首.全唐诗.

襄水源生态公园俯瞰图　马军　摄

一、文化溯源

　　一湾江水滋润一方土地、哺育两岸百姓。城因水生，水亦荣城。襄阳的母亲河其实有两条，一为汉水，二是襄水。对襄阳这座城市而言，襄水的文化意义甚至要大于汉水，因为襄阳得名源于襄水。相比于襄水，襄阳城得汉水之利似乎更多。为什么不用汉水对城市进行命名？其实不难理解。汉水流经的城市太多，如果都姓"汉"，就会出现很多重名的现象，不是叫汉阴，就是叫汉阳。而襄水为襄阳独有，用它来命名，就比较有个性和辨识度了。从这个角度来说，襄水是襄阳这座城市的文化原点，或者说文化源头。

　　襄阳以襄水而得名，最早见于《汉书·地理志》南郡"襄阳"条下颜师古注引东汉人应劭的话："城在襄水之阳，故曰襄阳。"郦道元在《水经注·沔水》中载："一水东南出，应劭曰，城在襄水之阳，故曰襄阳，是水当即襄水也。"[1]《元和郡县图志》卷第二十一亦载："在襄水之阳，故以为名。"[2]在南北朝时于两岸筑堤，防治水患，后来历朝沿袭疏浚，加固堤防，修筑桥梁方便民众通行。明代襄水基本功能成为水利设施，改称襄渠，清代沿用，后人俗称南渠。此外，市文物管理处藏有清咸丰年间及同治四年襄阳知府方大湜在重修襄水后所作的两篇碑记，分别为《重浚襄水故道记》《重浚襄水故道后记》。这些史料，都清楚记载了襄水的确切存在与流经之地。

　　襄水作为襄阳的母亲河，承载着丰富的历史文化内涵，是襄阳城市文化的重要组成部分。那么，襄水的"襄"字究竟是什么意思呢？《尚书·尧典》中有这样一句话："汤汤洪水方割，荡荡怀山襄陵"[3]，说的是在尧执政的时代，神州大地经常发生大洪水。四处漫溢的洪水把陆地分割得支离破碎，还一度包围了山峰，冲上了高陵。这里的"襄"，历代学者都解释为"上"，又进一步解释"水驾山而上曰'襄'"。宋·苏轼撰《书传》卷一《虞书》称："汤汤荡荡浩浩皆水之状也，怀，包也；襄，上也，水逆流曰襄。"[4]"襄"的本义是解

① 郦道元.水经注.
② 李吉甫.元和郡县图志.
③ 尚书·尧典.
④ 苏轼.书传.

衣耕地,后引申为助理、佐治、成就、完成等意思。在"襄水"中,"襄"可能是指水的流动或形态,有冲上、上举、高的含义。

江水穿城

对于什么是襄水,后人又多是以郦道元《水经注》卷二九之言为据。郦道元说:沔水又东合檀溪水。水出县西柳子山下,东为鸭湖,湖在马鞍山东北,武陵王爱其峰秀,改曰望楚山,溪水自湖两分,北渠即溪水所导也。北径汉阴台西,临流望远,按眺农圃,情邈灌蔬,意寄汉阴,故因名台矣。又北径檀溪,谓之檀溪水。……溪水傍城北注,昔刘备为景升所谋,乘的颅马西走,坠于斯溪。西去城里余,北流注于沔。一水东南出。自此,后人便认为襄阳之得名源于这条"襄水",即今日之南渠。这里很明显,郦公只是言历史上应劭有此一说而已,并不是肯定檀溪水就叫襄水。"当即"的意思就是,这水"应当就是"应劭所说的襄水了。

二、地理探本

襄水,又称襄渠,俗称南渠。关于襄水的地理源头,史志中记载不一,要进一步确认襄水的源头,需要从史料和实地踏勘中来交叉印证。

根据《水经注》中的记载,襄水出自"县西柳子山",此后很多志书都沿用了这一说法。例如,《大明一统志》称:"襄水在府城西北,源出柳子山,北流为檀溪,南流为襄水,又名涑水。"[①]梁简文帝在镇守襄阳时还曾泛舟到柳子山下寻找襄水源头。如今,柳子

---

① 李贤,彭时.大明一统志.

山的山名已消失在漫漫的历史长河之中，具体位置已不可考。襄阳市几代地名工作者多次对襄水进行溯源，认为襄水真正的源头，位于襄阳城南扁山西麓的泉水坑处。此处原有数孔泉眼，终年涌水不断。现如今，原来的泉水坑已被水泥预制板整体覆盖，只留了一个小井口，不知何故。

泉水坑的水流经宋包水库，经转子山、官路口北流，汇合摩旗山东麓杨家岗流出的泉水，继续北流，经麒麟店汇合孙家冲所流溪水，进入营盘地，汇合虎头山冲所流溪水，东流经琵琶山、真武山、羊祜山、郑家山，绕岘首山向南流，于观音阁旁注入汉水，长约18千米，流经面积30平方千米。①

襄水的这一源头、流向及流域，至少数百年未有大的改变，有清光绪《襄阳县志》中的《襄渠图》为证。由于襄水所处地理位置的重要性，历朝历代对襄水的治理都相当重视。因"每岁夏秋泛涨，民地万余亩辄为泽国"（《襄阳县志·城防》），南北朝时的张邵于两岸筑堤以防水患。唐代以前，襄水流域的地势地貌与现在有很大不同。当时营盘村、檀溪村等处地势比现在要低，襄水在汇集襄阳城西南诸山与摩旗山东麓之水后，滞留于营盘村一带，形成一个天然洼地湖——"鸭湖"。鸭湖水在湖东有两个豁口溢出，一个流向东南，即今之襄水，一个北向流入檀溪，于历史上著名的汉阴台西注入汉江。唐代以后，随着襄水渠堤和汉江大堤的逐步修建，鸭湖、檀溪湖相继干涸，有限之水尽入襄水。

南宋时期，地方官员再次组织人力对襄水进行疏浚，并在渠边驻军屯垦。宋代时，知府郭杲还修筑了救生堤。

南渠今貌

① 襄水：襄阳城的文化源头，微信公众号"襄阳古城发布"，2023年12月7日.

明代，襄阳在城西南角狮子楼湾外侧建响水洞，并从襄水处修了一条引水渠，以连通护城河。同时，开建了南、北二闸以调控渠水与护城河水，引水渠称北渠，南闸所在一段则相应地改称南渠。此后，南渠的俗称一直被沿用下来，并在人们的头脑中被不断"固化"，逐渐取代了襄水这一原名。

三、历史寻根

襄阳市位于湖北省西北部，长江最大的支流——汉江穿城而过，分出南北两岸的襄阳、樊城。襄阳以方位命名。古人称山之南、水之北为阳，反之为阴。《汉书·地理志》和《水经注·沔水》均记：襄阳"位于襄水之阳"，故名。襄阳工农业和旅游、文化事业发达，是湖北省省域副中心城市、全国重要的铁路交通枢纽和汽车工业基地、国家历史文化名城。

襄阳古城

"襄水之阳"说，是时下比较流行的说法。此说肇始于东汉应劭。应著《风俗通义》，言襄阳曰："城在襄水之阳，故曰襄阳。"自应劭之后，论者多以此为据，言襄阳因在襄水之阳而名。也因此故，北宋文人王存等奉敕所撰《九域志》才说："襄阳有襄河，则皆以应说为据矣。"[①]然而，应劭并未说清楚"襄水"是什么，更没有说就是檀溪。而由"马跃檀溪"的故事可知，檀溪至少在东汉末已经是很有名了。如果檀溪叫襄水，那该叫"马跃襄水"才是。

襄阳名称的蝶变从历史沿革来看，襄阳之名早在西汉时就已经出现。新汉王莽

---

① 《九域志》.

改襄阳为相阳，汉光武帝时恢复襄阳名称，汉献帝建安三十年（208年）始设襄阳郡。襄阳名称的蝶变包含了诸多历史因素，从地理因素来看，襄阳地处汉江中游平原，古人依山水方位定阴阳，襄阳位于襄水之阳。从军事战略地位来看，襄阳自古以来就是军事要冲，是兵家必争之地，这种战略重要性也使得襄阳之名在历史长河中得以传承和重视。从经济发展来看，襄阳地区在历史上是重要的农业和商业区域，经济的繁荣促进了城市的发展和名字的稳定。从政治因素来看，历代政权对襄阳的重视和治理，使其成为区域政治中心，稳定的政治环境有助于地名的延续和巩固。从人口迁徙和民族融合来看，不同时期的人口迁徙和民族融合，使得襄阳这个名字在不同人群中得以传播和传承。

四、隶属探源

襄阳更名之前称之为襄樊，是襄阳、樊城两城合称，樊城因周宣王封仲山甫（樊穆仲）于此而得名，襄阳以地处襄水之阳而得名。樊城始于西周，襄阳筑城于汉初。自东汉献帝荆州牧刘表徙治襄阳始，襄阳历来为府、道、州、路、县治所。襄阳与襄樊在行政隶属划分上经历了相当长一段时间的磨合。城市名称由"襄樊"蝶变为"襄阳"经历了反反复复的过程。1950年，襄阳行政区划发生重大变化，将"襄阳"和"樊城"两座城合并为一个城市，为了照顾两个城市人民的情绪，所以各取一个字，组成了"襄樊"二字。1979年，襄阳专区改称襄阳地区，襄樊市由省直辖。1983年8月，撤销襄阳地区，其行政区域并入襄樊市（地级市），2010年襄樊市正式更名为襄阳市。

更名为襄阳，无一例外是因为"襄阳"的名气更大。无论是国人津津乐道的三国相争，还是金庸笔下的宋元对峙，襄阳作为兵家必争之地，成就了一个又一个的英雄故事，也影响了一代又一代的老百姓。拥有广泛的群众基础，更利于城市品牌建立与招商引资。在2010年之前，襄樊作为湖北省的一个重要城市，虽然拥有丰富的历史文化资源和重要的历史地位，在国内外的知名度却相对较低。这个城市的名字并没有有效地传达出其深厚的文化内涵和历史价值。尽管襄樊是三国文化的重要发源地，与多位历史名人的故事紧密相连，但这些独特的历史和文化并未能得到充分展示和认知。此外，襄樊的旅游资源开发也显得相对滞后。城市内部拥有丰富的人文和自然景观，但未能形成有效的旅游产业链，使得这座历史名城未能在旅游市场上占据一席之地，潜在的经济价值和文化影响力未能得到充分挖掘。2010年12月，襄樊正式更名为襄阳，这一改变不仅是对城市名称的简单更换，更是对城市品牌和形象的全面重塑。改名后的襄阳立即与其丰富的历史文化背景紧密关联，让人们一提到襄阳便能联想到三国时期的英雄故事，以及城市深厚的历史底蕴。随着名字的改变，襄阳的旅游业也迎来了爆发式的增长。城市依托其独特的历史人文资源，如古隆中、汉城等著名景点，吸引了大量国内外游客。旅游业的快速发展不仅为襄阳带来了显著的经济效益，也促进了当地文化旅游、餐饮、住宿等相关产业的繁荣。

襄阳繁荣夜景

名称的蝶变,推动襄阳迈向了新蓝图。现如今,襄阳的城市整体影响力也得到了显著提升。作为楚文化、汉文化和三国文化的重要发源地,襄阳在更名后承担起了推广中华历史文化的重任,其在国内乃至国际上的美誉度和影响力均有了显著增强。襄阳的改名案例成为湖北省乃至全国城市改名和品牌重塑中的成功典范。这一改变不仅极大提升了襄阳的知名度和影响力,更重要的是,它成功地促进了地方文化的传承与弘扬,为城市的经济发展注入了新的活力。通过这次改名,襄阳向世界展示了其独特的文化魅力和发展潜力,成为连接历史与现代、文化与经济发展的典范。

第一节 产城融合:"鄂北粮仓"跃向"绿富美"

鄂北地区,素有"鄂北良仓"之美誉,在中国农业版图中占据重要的地位。其丰富的农业资源和卓越的农业成就,不仅对当地社会经济发展产生了深远影响,也为国家的粮食安全和农业稳定做出了积极贡献。随着经济社会的快速发展,产城融合已成为区域发展的重要战略选择。襄阳以"鄂北粮仓"为抓手,在产城融合方面进行了积极的探索和实践,把推动乡村振兴作为缩小城乡差距,促进农民增收的必由之路,大力实施美丽乡村建设,把城镇和乡村贯通起来,推动产城融合、城乡一体,宜居宜业、共建共享,跑出了乡村振兴的加速度,构建了城乡融合发展新格局。

一、历史溯源

鄂北，拥有得天独厚的自然条件。广袤无垠的平原、肥沃的土壤、适宜的气候，为农作物的生长提供了理想的环境。从古至今，这里就是农业生产的重要区域，见证了无数丰收的喜悦和粮食满仓的景象。

回顾历史长河，鄂北地区拥有悠久的农耕历史，早在古代，这里就已是重要的粮食产区。其得天独厚的自然条件，如适宜的气候、肥沃的土壤和丰富的水资源，为农业生产提供了先天优势。在历史的长河中，鄂北人民不断积累农业生产经验，传承和发展了独特的农耕文化，为"鄂北良仓"的形成奠定了坚实基础。勤劳的先民们凭借着对土地的热爱和对农耕技艺的执着探索，在这里种下了希望的种子，收获了富足的粮食。它为周边地区乃至整个国家的粮食供应提供了坚实的保障，成为稳定社会、促进发展的重要基石。在岁月的磨砺中，鄂北的农耕文化不断传承与发展，形成了独具特色的传统和习俗。

鄂北地处中国中部，地理位置十分优越。广袤的平原地形为大规模农业种植提供了便利条件，交通网络的不断完善使得农产品能够快速运往各地。同时，其气候条件兼具南北之长，既能种植北方的主要粮食作物，也能适应部分南方作物的生长，这种多样性进一步增强了鄂北农业的竞争力。

进入现代社会，"鄂北良仓"更是展现出了强大的生命力和适应性。先进的农业技术在这里得到广泛应用，从大规模的机械化耕种到精准农业的推行，从农业科研的创新突破到新型种植模式的实践，鄂北始终走在农业现代化的前沿。高标准农田的建设，让土地的产出效率大幅提升；智能化的农业管理系统，为农业生产注入了科技的力量。

二、实践案例

"鄂北良仓"不仅仅是粮食生产的基地，更是乡村振兴战略的重要实践区域。在产城融合实践中，襄阳展现出了坚定的决心和创新的思维。产业布局方面，襄阳充分发挥自身优势，着力打造现代化产业体系。以汽车产业为龙头，不断延伸产业链条，同时积极培育新兴产业，如高端装备制造、新能源、电子信息等，为城市发展注入了强大的动力。在农业发展方面，农业产业不断延伸和拓展，与二、三产业深度融合。农产品加工企业如雨后春笋般涌现，将优质的农产品转化为丰富多样的食品和商品，提高了农产品的附加值。农业观光、乡村旅游等新兴业态蓬勃发展，吸引着众多游客前来领略田园风光，感受农耕文化的魅力。

襄阳在产城融合中有许多成功的实践案例，具体以枣阳和熊家岗为例。

农业是枣阳高质量发展的"压舱石"。枣阳市处于鄂西北"旱包子"上的"旱尖子"，抗旱保丰收任务艰巨。为坚决扛牢粮食安全责任，枣阳市大力实施"藏粮于地、藏粮于技"战略，坚持绿色播种、科技播种、机械播种和抗灾播种，持续加快农田水利基础设施建设进度，农业防灾减灾能力显著增强，农业综合生产能力稳步提升，不断夯实粮食丰产基础，全力稳住粮食生产"基本盘"，"鄂北粮仓"地位得到进一步巩固，为枣阳稳步实施乡村振兴奠定了坚实基础。

枣阳市吴店镇西赵湖村村民在霞光中收割水稻　通讯员　李明　摄

　　首先，乡村振兴，产业兴旺是关键。枣阳市坚持以工业化理念谋划农业、以产业化思维经营农业，以链式思维推动重点农业产业链延链补链强链。农业强、农村美、农民富在枣阳正成为生动现实。其次，坚持特色发展之路，推进农业"接二连三"。枣阳是"中国桃之乡"，规模化种植桃子已有 20 多年，涵盖油桃、水蜜桃、黄桃、蟠桃等四大系列20 多个品种。枣阳桃子之所以有名，除种植面积大、味道鲜美外，上市周期长也是重要原因。从每年 5 月上旬一直到 11 月，初夏到入冬，都能让食客品尝到香甜可口的鲜桃。为提升产业发展品质，枣阳市坚持农工融合，围绕打造全国现代农业发展示范市（县）、农村一、二、三产业融合发展先导区，积极融入省、襄阳市农业十大重点产业链布局，制定《枣阳市关于培育壮大农业产业链龙头企业的实施方案》及单链计划，实行"一链一长""一企一策"。此外，"栽下梧桐树，引来金凤凰"。兴达食品、妍琪生物、遇吉食品等一个个农产品加工企业先后落户枣阳，一条条产业链延伸壮大。"从田间到餐桌，从枝头到舌头"，枣阳市贯通特色农产品产销两端，融合农文旅，对接科工贸，加快推进农业产业"接二连三"，形成电商平台、网络直播、微信等多元化营销体系。各类专业合作社积极发挥引领带动作用，提升产品文化内涵，打造"枣字号"农产品品牌，走上了规模化、品质化的特色产业发展之路，乡村从"环境美"向"产业美"转型，实现了"美丽乡村"到"美丽经济"转变。①

　　熊家岗村打造乡村振兴的"共富样板"。为助力乡村振兴，打通快递进村"最后一公里"，解决农产品物流运输短板和群众收发快递的需求。熊家岗村依托正在推进的湖北

①　枣阳："鄂北粮仓"跃向"绿富美".微信公众号"襄宣在岘",2023 年 11 月 5 日.

省美丽乡村示范片建设工作，专门在村委会辟出 90 平方米的空间，开通寄递物流综合服务网点，免费为村民提供快递寄取配送服务，打造产业振兴的五山路径。示范片建设项目位于全国文明镇、全国环境优美乡镇、全国乡村旅游重点镇、国家农业产业强镇五山区域。项目覆盖堰河村、田家河村、下七坪村、熊家岗村、黄山垭村、杨家老湾村、四棵树村等 7 个集中连片村落，总面积 73.2 平方千米，涉及 3721 户、11978 人。① 产业振兴是乡村振兴的重中之重。五山镇作为鄂西北有名的优质茶叶集散地和有机茶生产基地，拥有绿茶、红茶、白茶、黑茶等 4 大类 10 余个有机茶品牌和中国驰名商标玉皇剑。立足资源禀赋，示范片按照"一村一品、一村一景、一村一业、一村一韵"要求，点、线、面同步推进，重点培育茶叶、食用菌、特色种植养殖、乡村旅游等产业。以茶兴旅、以旅促茶。一、二、三产业融合发展，示范带动效应不断凸显。堰河村以"项目＋政策"作引导，建立融合新机制；下七坪村以"产业＋基地"为示范，探索融合新样板；熊家岗村以"庄园＋旅游"为抓手，凸显融合新成效；杨家老湾村以"文化＋宣教"为阵地，丰富融合新内涵。堰河乡村旅游、田家河茶叶、下七坪猕猴桃、熊家岗小辣椒、黄山垭红色文化、杨家老湾乡村记忆、四棵树生态长廊等乡村特色如雨后春笋般涌现。示范片 7 个村各美其美、美美与共。

谷城县五山镇

思想引领行动，蓝图化作美景。总体布局显山露水，交通道路依山傍水，产业结构保山护水，生态资源养山润水。以堰河为中心的民俗文化休闲区、以玉皇剑为中心的茶文化体验区、以军旅班河为中心的生态文化观光区、以石酒庄园为中心的诗酒文化展示区日臻完善，书香茶旅、浪漫茶旅、寻根茶旅、诗酒茶旅、红色茶旅等五大茶旅精品路线已经形成，全域旅游发展格局呼之欲出。

---

① 打造乡村振兴的共富样板——五山镇美丽乡村示范片建设纪实.微信公众号"乡约五山",2023 年 12 月 5 日.

　　山水变风景,资源变资本,农民变股民,产品变商品。示范片功能突显,生态文明浑然天成。一张蓝图绘到底,一任接着一任干。在湖北省美丽乡村示范片建设引领下,一幅宜居宜业的和美乡村图画正在谷城大地铺展开来。

三、未来展望

　　"鄂北良仓"的农业发展取得了巨大成就。一是粮食产量稳步提升。凭借先进的农业技术和勤劳的农民,鄂北地区的粮食产量多年来保持稳定增长态势。优质的小麦、水稻、玉米等农产品源源不断地供应全国市场,保障了国家粮食安全。二是农业产业化发展。涌现出了一批具有较强实力的农业产业化龙头企业,带动了农业产业链的延伸和完善。农产品加工、流通等环节日益壮大,提高了农业附加值。三是科技创新推动农业升级。农业科研机构和高校在鄂北地区开展了众多科研项目,推动了农业新品种、新技术的研发和应用。智能农业、精准农业等新理念和新方法也在逐步推广。四是生态农业初现成效。注重农业的可持续发展,加强了生态环境保护和资源合理利用。绿色农业、有机农业等模式得到广泛实践,提升了农产品的品质和市场竞争力。

　　与此同时,"鄂北良仓"也面临许多的挑战。在资源环境方面,随着人口增长和经济发展,土地、水资源等面临日益严峻的压力,农业可持续发展面临挑战。在市场波动方面,农产品市场价格波动较大,对农民收入和农业生产积极性产生影响。在农业劳动力方面,农村年轻劳动力外流,农业劳动力老龄化问题突出,影响了农业生产效率的提升。在农业现代化水平方面,尽管取得了一定成就,但与国际先进水平相比,在农业机械化、信息化等方面仍存在差距。

　　"鄂北良仓"肩负着更加重大的使命和责任。它将继续作为国家粮食安全的重要保障,为人们提供丰富、优质的农产品。同时,它也将不断创新发展模式,推动农业的高质量发展,为实现农业强、农村美、农民富的目标而不懈努力。因此,一要加强资源保护与利用。严格保护耕地和水资源,推广节水灌溉、保护性耕作等技术,提高资源利用效率。二要完善市场调控机制。建立健全农产品价格稳定机制,加强市场监测和预警,引导农民合理安排生产。三要加强农业人才培养。通过教育培训等方式,吸引和培养更多高素质的农业人才,提高农业劳动力素质。四要加快农业现代化进程。加大对农业科技创新和装备升级的投入,推进农业信息化建设,提高农业生产的智能化水平。

　　"鄂北良仓"不仅是鄂北地区的农业品牌,更是中国农业发展的一个缩影。其丰富的历史内涵、卓越的农业成就和面临的挑战,都具有典型性和代表性。通过深入研究和分析,我们可以从中汲取经验、教训,为推动全国乃至全球农业的发展提供有益的启示。在未来的发展中,相信"鄂北良仓"将继续发挥重要作用,为保障粮食安全、促进经济发展和推动社会进步做出更大的贡献。

第一节　深耕红色："特色小镇"走向"新联动"

　　襄阳是湖北省重要的革命老区,拥有丰富的红色资源。近年来,襄阳以特色小镇为抓手,打造出"红色＋小镇"的发展模式,传承了红色基因,推动了经济发展,促进了文化繁荣。截至目前,襄阳市共有 15 个村成为市级以上红色美丽村庄试点村,其中国家级试点 4 个、省级试点 2 个、市级试点 9 个。15 个红色美丽村庄经过试点打造后,村容村貌焕然一新,呈现出乡村宜居宜业、农民富裕富足的红火景象。

一、寻访红色印记

　　挖掘红色资源,传承红色基因,弘扬革命精神,是为实现中华民族伟大复兴的中国梦提供强大精神动力的必由之路。建好红色小镇首先必须摸清红色资源"家底",立足村庄特色,用好红色资源,做到有址可寻、有物可看、有史可讲。这里以黄龙镇向湾村、保康县黄堡村、襄州区周家村为例。

红九军二十六师革命烈士纪念碑

　　黄龙镇向湾村作为一个具有典型意义的红色小镇,承载着厚重的历史记忆和伟大的革命精神。它位于黄龙镇东南 10 千米处,紧邻大洪山余脉,与枣阳、宜城交界,属于典型的丘陵岗地,全村共有 6 个村民小组,358 户 1509 人,党员 45 人,耕地面积 6859 亩。向湾村是中国工农红军第九军第二十六师诞生和发展的地方,曾经有 298 位革命先烈用热血和生命染红了这片土地。1930 年 5 月,黄龙垱地区爆发了"蔡阳铺暴动"和

"耿集暴动",革命烽火迅速燃遍襄枣宜边区。1931年4月,均县、房县、谷城、襄阳、枣阳等地的红军游击队会师湖北省襄阳县黄龙垱镇,成立了中国工农红军第九军第二十六师。红九军二十六师成立后,以黄龙垱为中心,在枣阳、襄阳、宜城等地开展游击战争,建立了以黄龙垱为中心的襄枣宜革命根据地。1932年2月,红九军二十六师在国民党军队的围剿下残败,师长张香山、政委余益庵等领导人壮烈牺牲。

黄堡村,群山环抱,重峦叠嶂,过去有红色故事,当代有美丽新貌。它有独特的红色历史,1948年8月,湖北省委在这里成立中共桐柏区汉南工委会和汉南办事处,黄堡村成为汉南地区红色革命中心;它有丰富的绿色产业,白虎岭的千亩茶园、西张弓山的千亩油用牡丹,幻化成一幅宁静致远的写意画,美不胜收;它有美好的发展前景,借助"红色美丽村庄"试点建设的契机,这座昔日的集镇中心村又将迎来它在乡村振兴浪潮中的新一轮蜕变。

黄堡镇黄堡村

襄州区周家村深挖刘铁家革命红色文化,同时和基层治理互融互促,以刘铁家的匠人们勤劳勇敢、敬业专注、敢于担当的民族精神为纽带,大力推动美丽乡村建设。同时,结合新时代文明实践站,创立艺术馆和工作室,配套大舞台、文化广场,进一步丰富群众的精神生活。

襄阳是红色资源的沃土,早在1920年,早期无产阶级革命家萧楚女就在襄阳播下了无产阶级革命火种;1925年6月15日,程克绳在枣阳程坡村成立了鄂北地区第一个党小组,是襄阳地区党组织的发端;襄阳是湖北农民运动开展较早较好的地区之一,1925年8月,枣阳程坡就成立了鄂北最早的农民协会——联庄会;土地革命期间,襄枣宜革命根据地曾一度是全国八大革命根据地之一;抗日战争期间,大批统战性群团组织及各界知名人士云集襄阳,各抗日救亡团体深入发动群众,掀起了热火朝天的抗日救亡运动;解放战争的襄樊战役被朱德总司令称为"小的模范战役",同豫东、津浦路、晋中、冀东四大战役一起被称为"五路大捷",共同拉开了全国战略决战的序幕;襄阳的"三线"

建设是全国"三线"建设的重要组成部分,受到毛泽东同志的关注,襄阳由此成为全国军工企事业单位比较集中的中心城市;70年代末襄阳打破体制坚冰,引进2000多名科技人才,依靠"双革四新"的路径,襄阳创造了80多项全国领先科技产品和工艺,成为全国地市级十大明星工业城市之一。① 从马克思主义的早期传播到开启社会主义现代化建设新征程,党的百年奋斗历程都能在襄阳党史中找到缩影。以红色小镇为视角,还原革命故事,让红色精神滋润人心、凝聚人心、激发斗志。

襄州区周家村

二、助力红色产业

把红色资源优势转化为农民致富的产业优势需要通过发展壮大村级集体经济,带动周边村共同发展,实现强村富民,更好地利用好丰富的红色资源。第一,要加强保护和管理,建立健全红色资源保护管理制度,加强对红色资源的保护和修缮,确保其真实性和完整性。第二,要深入挖掘和研究,深入挖掘红色资源的历史背景、文化内涵和精神价值,通过学术研究、文艺创作等方式,丰富红色资源的表现形式和内容。第三,要强化教育和宣传,将红色资源作为爱国主义教育、革命传统教育和党性教育的重要内容,通过展览、讲解、体验等形式,让更多人了解和感受红色资源的魅力。第四,要推动红色旅游发展,将红色资源与旅游产业相结合,开发红色旅游线路和产品,打造具有特色的红色旅游品牌,促进地方经济发展。第五,要加强合作与交流,加强与其他地区的合作与交流,共同开发和利用红色资源,推动红色文化的传承和发展。第六,要利用现代科技手段,利用互联网、虚拟现实、增强现实等现代科技手段,创新红色资源的展示和传播方式,提高其吸引力和影响力。

红色小镇并未停留在过去的荣耀中,在新时代的背景下,积极探索着发展之路。向湾村一方面,为了铭记历史、缅怀先烈,投资2000多万元打造了革命英烈纪念碑廊、红色革

---

① 襄阳本土红色资源保护与利用情况研究.微信公众号"史志襄阳",2022年4月6日.

命纪念馆、红色文化广场、红军路、革命英烈战斗遗迹等爱国主义教育基地,不断挖掘和整合红色资源,通过创新的展示方式和丰富多彩的活动,让红色文化更加深入人心,吸引众多游客前来追寻红色记忆,感受革命精神的洗礼。另一方面,小镇注重产业融合发展。利用红色文化的独特魅力,推动旅游产业的蓬勃兴起,同时带动相关服务业和特色手工业的发展。游客们在这里不仅可以接受精神的熏陶,还能享受到优质的旅游体验,品尝当地的特色美食,购买具有纪念意义的手工艺品。在经济发展的同时,小镇也高度重视生态环境的保护和建设。青山绿水与红色景观相互映衬,营造出一种别具韵味的氛围。这里既有历史的厚重,又有自然的清新与灵动。襄阳红色小镇还注重社区建设和居民福祉。通过发展经济,为当地居民提供了更多的就业机会和增收渠道,改善了他们的生活条件。同时,积极开展文化教育活动,提升居民的文化素养和对红色文化的认同感、自豪感。①

向湾村新村民集市

保康县黄堡镇黄堡村,以红色旅游景点为中心,筹建红色教育政治生活体验馆,展出一批老照片、老物件,讲述红色故事,呈现党的百年奋斗史;发挥生态旅游优势,创建"革命岁月"红色步道,打造红色主题公园,在行走中了解党的革命史;修葺红色遗迹,整治人居环境,完善基础设施,倾力打造集展示、教育、体验于一体的沉浸式红色教育阵地。② 在试点建设中,该村将美丽乡村建设与党史学习教育、青少年学习有机结合,打造"烈士祭"红色旅游研学路线,把党史文化馆、政治生活馆、党建主题园、红色节点及烈士陵园串联起来,来展示红色文化、弘扬革命精神,激励后人传承红色文化,形成学党史、感党恩、跟党走的浓厚氛围,进一步提升黄堡村美丽乡村建设的文化品位。

① 襄州黄龙镇向湾村:点燃红色引擎 跑出向湾速度.微信公众号"汉江创客",2023 年 11 月 9 日.
② 朱德成.红色村庄红火起来[N].人民日报,2023 - 05 - 31(012).

红色旅游研学路线

三、踏上红色之旅①

红色人物传承红色基因,红色故事还原红色历史,红色旅游承载红色文化。追忆历史,追寻初心,红色文化"点燃"红色旅游。市文化和旅游局发布七条红色旅游精品线路,让我们一起打卡襄阳红色之旅,感悟榜样力量,传承红色精神,厚植家国情怀。

1. 古城一日游

萧楚女生平展厅—襄阳古城—六〇三文创园—襄阳市烈士陵园—卫东机械厂。

萧楚女生平展厅

---

① 襄阳发布七条红色旅游精品线路.微信公众号"襄阳文化旅游",2024年5月7日.

2. 枣阳一日游

程克绳故居—黄火青纪念馆。

3. 宜城一日游

宜城鄂豫边区革命纪念馆—张自忠纪念馆。

张自忠将军纪念馆

4. 襄州一日游

襄州革命烈士陵园—黄龙红色党建基地—峪山镇星火村—樊城肖庄农民革命纪念馆。

5. 老河口一日游

袁书堂纪念馆—光未然展厅—丹渠博物馆—李宗仁司令部旧址。

光未然陈列馆

6. 谷城一日游

谷城薤山贺龙司令部—谷城县烈士陵园—李亚声烈士事迹陈列室—黄山垭革命烈士陵园—襄阳航泰动力机器厂—航天四十二所谷城爱国教育基地。

薤山革命旧址

7. 南漳、保康三日游

南漳荆山农民起义烈士陵园—保康黄堡镇烈士陵园—吴德峰革命业绩陈列室—吴德峰故居—尧治河村。

荆山农民起义烈士陵园

本章小结

"楚塞三湘接，荆门九派通。江流天地外，山色有无中。"这便是美丽的家乡——襄阳。古老的城墙巍峨矗立，清澈的河畔流水潺潺，承载着人们太多的回忆与眷恋，让人深深体会到那难以割舍的乡土情怀。从"襄水之阳"名称蝶变到"鄂北粮仓"产城融合，再到"特色小镇"文旅创新，襄阳紧跟时代变化，区域影响力日益增强，不仅成为现代化城市发展的"潜力股"，也称为连接历史与现代、文化与经济发展的典范。襄阳产业结构不断优化升级，把推动乡村振兴作为缩小城乡差距，促进农民增收的必由之路，城乡面貌焕然一新；现代化的高楼大厦与保存完好的历史古迹相得益彰，深厚的历史文化底蕴得到充分挖掘和弘扬，众多历史遗迹和文化景点吸引着大量游客，把红色资源优势转化为农民致富的产业优势需要通过发展壮大村级集体经济，带动周边村共同发展，实现强村富民，为城乡发展注入强大动力，为高质量发展提供重要引擎。现如今，襄阳也正以昂扬的姿态朝着更加繁荣昌盛的未来迈进，不断书写新的辉煌篇章，展现出巨大的发展潜力和广阔的发展前景。

习言习语

乡村振兴是实现中华民族伟大复兴的一项重大任务。要围绕立足新发展阶段、贯彻新发展理念、构建新发展格局带来的新形势、提出的新要求，坚持把解决好"三农"问题作为全党工作重中之重，坚持农业农村优先发展，走中国特色社会主义乡村振兴道路，持续缩小城乡区域发展差距，让低收入人口和欠发达地区共享发展成果，在现代化进程中不掉队、赶上来。

——2021年2月25日，习近平总书记在全国脱贫攻坚总结表彰大会上的讲话

参考文献

[1] 中共中央国务院关于学习运用"千村示范、万村整治"工程经验有力有效推进乡村全面振兴的意见[M].人民出版社.2024.

[2] 习近平关于社会主义文化建设论述摘编[M].中共中央文献研究室.中央文献出版社.2017.

[3] 新质生产力[M].林毅夫.中信出版社.2024.

"襄"土难舍实践活动记载表

姓名		班级		主题	
验证资料（图片、文字、视频等）					
准备 阶段					
实施 阶段					
总结 阶段					
襄遇 有礼					

第八章

绿满襄阳

襄阳好山水，风光旖旎醉游人，尽享人间惬意时。"楚塞三湘接，荆门九派通"勾勒出了汉江雄浑壮阔的景色；"襄阳好风日，留醉与山翁"描绘了一幅与山简共谋一醉的惬意图。襄阳，自古就是人杰地灵之地，如今更是将生态视为城市发展的根基与灵魂，积极践行绿色发展理念，深入推进污染防治攻坚战向纵深发展，让"一江碧水"永葆生机。登上城楼远眺汉江，绝美的江景尽收眼底，从出门见景的城市公园，到草木葱茏的山区，襄阳擦亮生态底色，以绿起笔，以美着色，绘就一幅幅水清岸美、绿意盎然、风景如画、百姓开怀的新时代"山水清远图"。

第一节　兵家之地："华夏第一城池"展"襄阳形象"

"华夏第一城池"——襄阳城

襄阳城位于华夏腹地、汉水之滨，拥有 2800 多年的建城史，是国家历史文化名城，是楚文化、汉文化、三国文化的主要发源地。自古以来，襄阳就是群雄逐鹿之地、商贾云集之所、名士荟萃之处，被誉为"兵家必争之地"，有着"华夏第一城池""铁打的襄阳"的别称。

一、"天下之腰膂"——乡土地理

襄阳地处南阳盆地南端咽喉，四周被山脉包围，又有大片平原提供战略物资，自给自足，自成体系。其地理位置十分重要，是连接中原、关中、江汉平原和长江中游的交通枢纽，有着得天独厚的防守屏障优势。从襄阳北上，可通过南阳盆地北部山口直出中原；往东北，可经许昌直取中原；向西，可通过汉江河谷攻入四川川中平原；向南，有两条通道可达江汉平原，进而攻取长江中游。

襄阳城的军事战略地位在历史上得到了充分体现。长江最大支流汉江中游有一段江水受山势所阻，形成"U"型河道，经江汉，入长江。襄阳坐落这段汉江南岸 1.97 万平方千米的土地上，位置特殊，地势险要，易守难攻。襄阳东控桐柏、大洪，西扼武当、荆山，汉江环抱，其战略地位非比寻常。清嘉庆地方志丛书《湖广图经志书》认为：襄阳"挟大江以为池，而崇山以为固……南极湖湘，北控关洛，独霸汉上。"①一番话道明了襄阳优越的地理位置。

明朝学者顾祖禹在《读史方舆纪要·湖广方舆纪要序》中，结合历史事件，系统论述了湖北的地形，一针见血地指出"湖广之形胜，在武昌乎？在襄阳乎？抑在荆州乎？曰：以天下言之，则重在襄阳；以东南言之，则重在武昌；以湖广言之，则重在荆州。……何言乎重在襄阳也？夫襄阳者，天下之腰膂也。中原有之，可以并东南。东南得之，亦可以图西北者也。故曰重在襄阳也。"②

腰膂是人的腰背，襄阳是天下的腰背。它地处南阳盆地和江汉平原狭长通道的核心位置，是中原地区南北陆路交通的重要中转站，还是沟通中原和长江水路航运的关键节点。在三国时期，襄阳是关羽水淹七军的发生地；南宋时期，襄阳是宋元襄阳之战的主战场，蒙古军队在此攻打了六年之久。襄阳城的坚固城防和险要地势，使其成为易守难攻的军事要塞。

"南船北马"汇集地。秦岭横亘东西，阻遏南北。襄阳位于秦岭山势低矮之处。从陆路看，襄阳是陆路交通汇集的枢纽，其中尤以"南襄隘道"和"荆襄大道"最为著名。北上的南襄大道经伏牛山和桐柏山的丘陵隘口，直趋南阳盆地，进入中原，穿鲁阳关，沿"趋洛之捷径"三鸦道，可抵洛阳。此道在军事上视为"出奇之道"。据《左传》记载，楚庄王出兵南襄隘道，示威周室，成就了"问鼎中原"的典故。南下的荆襄大道是古代最重要的官道之一。历史地理学家严耕望在《唐代交通图考》指出："古代中国之疆域以黄河、长江流域为主体，而中隔秦岭、伏牛、桐柏、大别诸山脉，使南北交通局限于东西中三主线。西线由关中越秦岭西段，循嘉陵江入巴蜀。东线由河淮平原逾淮水至长江下游之

---

① 《湖广图经志书》。

② 襄阳，为什么重要.微信公众号"盛唐刀笔吏"，2024 年 5 月 15 日.

吴越。中线由关中东南行,由河洛西南行,皆至宛郡,再循白水流域,南下襄阳,复南循汉水至长江中游之荆楚。而襄阳向来就是联系长江中游与中原、关中地区的交通枢纽。"①由襄阳东去,穿过桐柏、大洪之间的武胜关、九里关、平靖关组成的"义阳三关",经随枣走廊,趋安陆,直逼汉口,直接威胁江淮平原和长江中下游流域的安全。著名的"曾侯乙墓"就是在随州发现的,高大上的随葬品足以证明随枣走廊的繁荣。襄阳出南襄大道向西有"蓝武道",出武关,下商洛,抵蓝田。历史上有"道南阳而东方动,入蓝田而关右危"的说法。春秋战国时期,秦楚两国围绕蓝武道相互攻伐,秦国最终掌控蓝武道,进占南阳盆地后,攻灭了韩、魏、楚等国,为争霸天下跨上新的台阶。就水路而言,襄阳向北取道汉江支流唐白河,便可泛舟南阳,向南顺汉江,进江汉,下长江。早在春秋,楚国灭邓,在襄阳建立了"北津"码头。

襄阳市地形示意

①　《唐代交通图考》。

时移唐朝,借助便利的水陆交通网络,南来北往的船只从汉江和长江云集襄阳,一时间"往来行舟,夹岸停泊,千帆所聚,万商云集"。盛唐诗人张九龄坦言:"江汉间,州以十数,而襄阳为大,旧多三辅之家,今则一都之会。"①杜甫有诗云:"即从巴峡穿巫峡,便下襄阳向洛阳。"②白居易亦云:"下马襄阳郡,移舟汉阳驿。"③由此奠定了襄阳"南船北马"繁荣盛况。

一座襄阳城,半部中国文化史,穿越2800年历史时空,跨越百年沧桑巨变,中国历史文化名城湖北襄阳,正在历史的嬗变中站稳新的历史方位,奏响时代强音,书写高质量发展的宏大篇章。曾经是金戈铁马、群雄逐鹿的"天下第一城池",风云际会、卧虎藏龙的文化高地。金庸、冯骥才等学者曾在"中国魅力城市"评比中高度赞扬襄阳:这才是一座真正的城!古老的城墙仍然完好!凭山之峻,据江之险,没有帝王之都的沉重,但借得一江春水,赢得十里风光,外揽山水之秀,内得人文之胜,自古就是商贾汇聚之地。今天,这里已经成为内陆重要的交通和物流枢纽⋯⋯一座极富传奇色彩的历史文化名城,文化是襄阳的特色。襄阳是国家历史文化名城,楚文化、汉文化、三国文化的主要发源地,境内文化资源丰富,襄阳古城、古隆中、米公祠等诸多文物古迹享誉海内外,宋玉、刘秀、诸葛亮、孟浩然、米芾等名人辈出。光武帝刘秀、蜀汉丞相诸葛亮、唐代诗人孟浩然、宋代书法家米芾在这里谱写了诸多历史传奇和名篇佳作。

二、"兵家必争之地"——文旅融合

襄阳,一座古色古香、钟灵毓秀的山水城市,拥有丰富的旅游资源和独特的地理位置,人文积淀丰厚,自然风光优美,全市共有不可动文物4000多处,名胜古迹700余处,A级景区46家,景致奇妙,山、水、城和谐而美好地交融于一体,勾画出"襄阳好风日"的美好意境。近年来,襄阳城在文旅融合方面取得了显著成效,让我们踏上一场探寻历史文化名城的奇妙之旅吧。

兵家必争之地的文旅融合不仅提升了城市的知名度和影响力,也为当地经济社会发展做出了重要贡献。① 文化旅游项目:襄阳拥有众多历史文化遗迹,如古隆中、襄阳古城、米公祠等。当地政府和企业积极投资开发这些文化旅游项目,通过修复古建筑、举办文化活动等方式,吸引游客前来观光旅游,也促进了文化的传承和发展。② 旅游演艺:襄阳的旅游演艺非常有特色,如《盛世唐城之大唐倚梦》等,这些演艺项目通过精彩的表演和现代化的舞台技术,展现了襄阳的历史文化和民俗风情,为游客带来了独特的视听体验。③ 茶文旅融合:襄阳将茶产业与文化旅游相结合,推出了一批茶旅融合的项目,如谷城县五山镇玉皇剑茶博园等。游客可以在茶园中体验采茶、制茶的过程,品尝当地的茶叶,同时还可以欣赏到美丽的自然风光。④ 夜游经济:襄阳的夜游经济

① 《读史方舆纪要·湖广方舆纪要序》。
② 《闻官军收河南河北》。
③ 《襄州别驾府君事状》。

越来越繁荣，如唐城夜游等项目，通过灯光秀、表演等形式，为游客提供了丰富多彩的夜间旅游体验。⑤ 文旅新业态：襄阳不断涌现出一些文旅新业态，如观光茶园、茶旅家庭农场、茶旅农庄、茶园露营基地等，这些新业态为游客提供了更多的选择，促进了当地文旅产业的发展。

襄阳必打卡之地：① 襄阳古城：千年历史的见证，始建于西汉高帝六年，拥有重要的战略地位。总长7000多米的城墙，以及亚洲最宽的护城河，让这座城市展现出古老而坚固的城池风采。北街则是最繁华的街道，汇聚了鄂西北明清时期的建筑和各地特色美食，让人仿佛置身于历史的长河之中。② 春秋寨：华夏第一寨，位于鲤鱼山山脊之上，有着"华夏第一寨"的美誉。这里展示了古代军事堡垒的重要作用，碉楼、城门等景点勾勒出一幅古老而激烈的历史画卷。龙王寨、仙人洞、茅坪河更是增添了寨子的神秘与美丽。③ 香水河：山奇水秀的自然画卷，以山奇水秀而闻名，拥有独特的地形地貌、奇异洞穴和丰富的野生动植物资源。七彩瀑、三叠瀑、雄鹰瀑等壮观瀑布将人带入一幅美丽的自然画卷。④ 古隆中：三国文化的发源地，曾是诸葛亮年轻时隐居的地方，享有"三国文化发源地"的美誉。隆中书院、诸葛草庐、腾龙阁等景点，展示了明清时期的历史文化。在这里，仿佛可以听到三国时期的智慧和谋略在山间回荡。⑤ 五道峡：楚源圣地，由问玉峡、悟玉峡、锁玉峡、望玉峡、得玉峡五道峡谷组成。山、林、洞、泉、瀑交相辉映，被誉为"楚源圣地"。峰峦叠嶂中，神女瀑、玉龙瀑等景点，让人仿佛置身于仙境之中。⑥ 薤山：神农寻植之地，曾被古人称为女儿山，传说是神农尝百草植五谷的圣地。在这片神奇的土地上，女儿峰、梳妆台、楠竹苍翠等景点交相辉映，形成了独具特色的"薤山十景"，吸引着无数游客来此一探究竟。⑦ 南河小三峡：幽静山水间的奇妙漫游，以青山、秀水、奇石、幽洞、古木为特色。青龙盘树、香炉石、仙人洞等景点，使这里成为徒步漫游或乘船观景的理想之地。在这里，仿佛能够置身于一幅山水画卷，感受大自然的神奇魅力。⑧ 中国唐城：时光倒流的历史奇遇，东连汉水，南眺鹿门，西依岘山，北接古城，依托襄阳建城2800年的厚重历史文化底蕴，以唐代建筑风格为主题的影视基地，充满了仿古建筑群的韵味。襄阳文化产业园、孟浩然文化旅游区、汉水谣文化旅游区等，为游客呈现了唐代的历史画卷，带领人们时光倒流，感受古老时光的美好。⑨ 米公祠：艺术的宝库，为纪念北宋书画家米芾而建。米芾攻诗文、擅书画，与苏轼、黄庭坚、蔡襄并称为"宋代四大家"。祠内匾额楹联琳琅满目，亭台榭廊错落有致，收藏了米、苏、黄、蔡遗墨石刻百余块，展示了古代名人的书画、石刻和拓片。这里仿佛是艺术的宝库，让人感慨万分。⑩ 白水寺：坐落于狮子山之巅，是为纪念东汉光武帝刘秀而建的庙宇。大雄宝殿、刘秀殿等建筑被著名科学家张衡誉为"龙飞白水"的宝地。这里的建筑与山水交相辉映，将人带入一场宗教文化之旅。

唐城

五道峡风景区

香水河

第一节　汉水之畔:"一江春水穿城过"览"襄阳名水"

汉江,宛如一条灵动的丝带,悠悠地穿过襄阳城。江水奔腾不息,带来了生机与活力,也塑造了襄阳独特的城市风貌和人文景观。这一江春水见证了襄阳的历史变迁与发展,也彰显了襄阳生态的高质量发展。其中,最为典型的就是城市绿心鱼梁洲的蝶变发展,生动践行了"两山"理念。

一、"江中沙洲"蝶变生态公园

"汉之广矣中有洲,洲如月兮水环流。流聒聒兮湍与濑,草青青兮春更秋。"①鱼梁洲,诗人笔下的一方古渡,汉水之上的生态明珠,一洲两岛、三水环绕、四城望洲、两山映湖,是襄阳"一心四城"空间格局的地理中心。鱼梁洲位于汉江中游襄阳市区河段,在汉江公路铁路大桥下游 2.5 千米处。据清光绪十一年《襄阳府志》载:"鱼梁,亦槎头,在岘津上。水落时洲人摄竹木为梁,以捕鱼。"故名。曾名东沙洲、鱼梁洲、月洲、玉娘洲、大河洲、无粮洲、大沙洲、无浪洲等。为一江心沙洲,呈海棠叶形,由汉江、唐白河、小清河长期冲积而形成。最高点海拔 69.6 米。汉江东流至此被洲分为南北两支,绕流后于观音阁汇合南流,形成汉江大湾。2009 年 4 月间,汉江崔家营航电枢纽工程(位于襄樊市城区下游 17 千米处)蓄水后,洲岛面积从原先的 26.5 平方千米减少到 13 平方千米,宛如一叶浮江的生态绿岛,"城市绿心",因此被称为"鱼梁岛"。

鱼梁洲形成十分久远,具体年代已无法考证。史载汉代之前,襄阳城东门外统称鱼梁洲。由于水流的缘故,鱼梁洲在历史上曾经多次发生变迁,或成为半岛,或沦为岛屿。1958 年,因修汉丹铁路,在鱼梁坪与鱼梁洲之间低洼区域大量采挖卵石,致鱼梁洲与鱼梁坪断然分离。汉江中最大的洲岛——鱼梁洲由此形成。由于鱼梁洲一直饱受洪水浸蚀,土质含沙 90%,因而被长期闲置,洲上无定居人口。直到 1965 年丹江口建成大坝蓄水发电后,洪水受到扼制,沙洲对岸的农民开始上洲种树,并开垦沙地"广种薄收",才渐渐有人定居。及至 1994 年年底,襄樊市对鱼梁洲进行大规模开发。

在 20 世纪 90 年代,鱼梁洲还是一座"江中荒洲",土壤贫瘠、树木稀疏。1995 年,襄阳市决定开发鱼梁洲,次年成立鱼梁洲经济开发区,1999 年升格为省级开发区。一时间,大大小小的开发商趋之若鹜。建宾馆、酒店、商业小区、度假山庄、水上乐园……最高峰时,在鱼梁洲的施工队伍超过 200 支,工人超过 6000 人,州体生态环境遭到严重破坏,开发也因此一度被叫停。为适应襄阳市生态环境发展需要,2013 年襄阳市委正式启动开发鱼梁洲的决定。2018 年 6 月,市委、市政府实施鱼梁洲全域生态修复、开展生态文明建设,明确鱼梁洲"一心四城"的核心定位,推动鱼梁洲进入高质量绿色发展轨道。2019 年 5 月 28 日,鱼梁洲中央生态公园项目正式开工。由中建三局襄阳鱼梁洲

---

① 皇甫冉.杂言月洲歌送赵洌还襄阳.

生态建设运营有限公司全面开发建设,项目总投资 9.22 亿元,分为汉水文化珠链区、生态体验游赏区和绿色生态保育区三大片区。建设期三年,总占地 7700 亩。项目以"一心四城"为指导,以"生态之心,诗意鱼梁"为引,以"堆丘、理水、造园、植林、掇文"为设计策略打造,充分展现汉江流域文化特色。此时的鱼梁洲仍是江中荒岛,土壤含有细沙难以保留水分,杂草丛生,树木稀疏,为项目建设带来前所未有的挑战。建设团队因地制宜确定"土壤＋苗木"的最佳组合方案,为最大限度保护土壤生态,建园过程中几乎不使用化肥和农药,全部采用有机炭土,以及外地运来的菌棒作为生态肥。研究出定量、定序、定频次的培育技术,完成了 200 余种、1.2 万余株乔木的种植。栽种地被植物近 100 万平方米,相当于改造出 189 个标准足球场。

鱼梁洲全貌

　　居襄阳、樊城之间的鱼梁洲,由于碧水环绕,草木茂盛,自然风光优美,成为生态旅游地。鱼梁洲中央生态公园一期汉水文化珠链区位于园区西南部,面积为 93 万平方米。汉水文化珠链区由楚泽园、辞赋园、梦觉园、大风园、春晓园、汉晋园六大主题园区组成,以生态基底为依托,以特色植物为媒介,以"文化传承"为主线,集中展现汉江流域文化特色。

　　遵循"堆丘、理水、造园、植林、掇文"这一设计理念,开挖 6 千米人工水系,设计高低起伏堆丘造型,营造特色草木环境,建设精美文化休闲驿站,打造精致园林景观,着力突出自然野趣,为市民提供亲水亲绿的沉浸式体验。

乘风好去，长空万里，直下看山河。俯瞰鱼梁洲中央生态公园，但见一条水系迂回环绕，拱桥、园路顺势串连，两岸被大片绿色环抱，斑斓五彩的鲜花点缀其间，共同构成了一幅绚丽多彩的生态画卷……

二、四季美景拓展幸福空间

春赏花，夏纳凉，秋摘果，冬踏雪，漫步鱼梁洲中央生态公园，满目皆绿，一步一景，一幅生态人文画卷徐徐展开，源于自然，出于匠心。楚泽、辞赋、梦觉、大风、春晓、汉晋六大文化主题园区，串联形成整个汉水文化链。楚泽园栽植巨紫荆，设置鹿苑、沙洲湿地、渔歌码头等特色景点，通过丰富的植被高差变化和空间转换，展现荆楚文化的延续与传承。大风园栽植三角枫、中国红枫等，打造壮丽的林相景观；在唐诗般浪漫的春晓园，有梅花、樱花、桃花；在汉晋园，除风格独特的四合院驿站外，还有松、竹、梅。

踏着转型升级的春潮，一簇簇生态建设与绿色发展的火花逐渐点燃。为了践行新发展理念，鱼梁洲积极探索绿水青山变成金山银山的方法路径，在提升绿化质量、丰富绿色发展内涵上下功夫、做文章，由单一的资源向复合型资源转变，让生态承载业态，业态激活生态，探索把生态资源优势转化为竞争和发展优势，让"生态就是经济""生态就是生产力""绿水青山就是金山银山"的理念在鱼梁洲落地生根、开花结果，走出一条高质量绿色发展新路子。

鱼梁洲立足于群众对生态、文化、体育、康养、研学、休闲等方面优质产品的需求，在景区合理布局版块经济，在环岛路推进沿江亮化、生态停车场、旅游驿站、旅游厕所建设，在起步区和功能区合理布局城市书屋、文化服务中心、社区文化广场、志愿者服务中心等服务设施，谋划研学基地示范点；在中央生态公园谋划婚庆园、盆景园；打造户外、水上体育运动区，大力提升旅游品质。

生态游赏版块

目前,全洲已初步形成四大产业版块,即以快乐水岸沙滩运动为引领的运动版块,以环岛景观带、中央生态公园为依托的生态游赏版块,以汽车影院、房车营地为代表的休闲版块,以文体赛事、节庆活动为载体的文体版块。同时,积极争取试点项目积蓄后劲,组织力量开展 EOD(以生态为导向开发)模式试点、碳中和零碳岛试点申报,努力探索将生态环境治理项目与资源、产业开发有效融合。

三、宝藏路线开启旅游之途

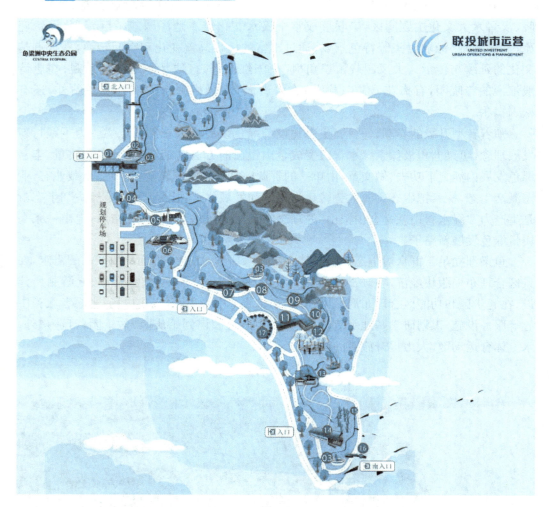

鱼梁洲环岛景观带

1."植物探秘"研学体验线

线路介绍:"亲山近水、植物探秘"。

公园北停车场直走→左转至大风园→梅园文化展示馆→竹园文化展示馆→汉晋园。

线路特色:观光休闲、田园观光、科普教育。

必逛景点：竹园文化展示馆、梅园文化展示馆。

2."天然氧吧"康养游线路

线路介绍：纵享"绿道慢时光"。

公园南停车场直走→汉晋园→右转至汉水女神文化广场→梦觉园→诗词歌赋园→爱情跑道→楚泽园。

线路特色：游园观植、品文化·知典故。

必逛景点：梦觉园、楚泽园。

3."沃野繁花"休闲游线路

线路介绍："沁凉夏日"，观光休闲。

鱼梁洲中央生态公园拱门处→蔷薇廊道→爱情跑道→诗词歌赋园→梦觉园→左转至大风园→梅园文化展示馆→竹园文化展示馆→汉晋园。

线路特色：乐享清凉、纳凉观光、田园风光。

第二节　浮空之岛："十里青山半入城"阅"襄阳名山"

伫立在襄阳古城仲宣楼之上，举目远眺，自东向西北连绵起伏的群山，就是金庸笔下的十里青山，这就是中华文化历史上的名山——襄阳岘山。岘山，是一座连接历史与现实、融合自然与人文的神圣之山，宛如一部宏伟的史诗巨著，每一页都写满了传奇故事。它见证了无数英雄豪杰的风云际会，见证了历史的沧桑变迁。

岘山分布图

一、岘山之地理概况

神州大地,数处岘山,独襄阳之岘山,成文化名山、华中胜景、人文渊薮。岘山东临汉水,西至万山,北望襄阳古城,由羊祜山、扁山、虎头山、真武山等20多座山组成,属荆山余脉,山不奇而险峻,岭不高而秀雅。

襄阳的山,大小山峰共1000余座,分布于全市各地,分属武当山脉、荆山山脉、大洪山脉、桐柏山脉。武当山脉和荆山山脉归属于大巴山脉,大洪山脉归属于伏牛山脉;大巴山脉归属于岷山山脉,伏牛山脉归属于秦岭山脉;秦岭山脉和岷山山脉又归属于昆仑山系。襄阳山的祖宗是昆仑山脉。

岘山,属荆山余脉。位于襄阳城西南,毗邻汉江,环抱古城,由岘首山、凤凰山、虎头山、真武山、羊祜山、万山、琵琶山、扁山、尖山等30余座连绵群峰组成,海拔在100～459米,总面积68平方千米。岘山山不奇而险峻,岭不高而秀雅。

岘山传说还是雨神赤松子的洞府道场。赤松子,又名赤诵子,号左圣。学五千文,中国神话传说中的上古仙人,是前承炎黄,后启尧舜,奠定华夏万世基业的中华帝师。相传为神农时雨师,能入火不焚,随风雨而上下。赤松子教神农氏祛病延年。他常常去神仙居住的昆仑山,住在西王母的石头宫殿里。炎帝的小女儿追随他学习道法,也成了神仙中人,与他一起隐遁出世。到了高辛氏统治时,他又出来当雨师布雨,现在天上管布雨的神仙仍是赤松子。赤松子洞府道场位于襄阳岘山石室。

岘山还是三皇之首——人文始祖伏羲死后安葬之地,伏羲死后身体化为岘山诸峰。伏羲,华夏民族人文先始,三皇之一,即太昊,或称黄熊氏。神话中人类的始祖。相传为风姓,又名宓羲、庖牺、包牺、伏戏,亦称牺皇、皇羲,《史记》中称伏牺,亦有青帝太昊伏羲(即东方上帝)一说。燧人氏之子,相传其母华胥在雷泽踩了巨大的脚印而有孕,生伏羲于成纪(今甘肃省天水市),定都在陈(今河南淮阳)。所处时代约为旧石器时代中晚期。传说他的功绩有教民渔猎、变革婚姻、始造文字、发明乐器等。

岘山范畴,分为三种。第一种:岘山特指岘首山。而古代诗文中所谓的"岘山",通常多指岘首山。岘山处于中国地势第二阶段向第三阶段过渡地带,其海拔在117～459米,其中扁山为最高峰,海拔459米,岘山的"岘"指小而尖、小而高的山。岘首山东接鱼梁洲,西依凤凰山,南临汉江,北望襄阳城。一千多年的历史长河中,岘首山古迹众多,但多有毁损、修复。2017年至今,恢复重建了羊杜二公祠、岘首亭、岘山亭、堕泪碑等历史文化建筑,并增添了抗日战争牺牲的国民党抗日名将冯安邦之墓。其中,岘首亭最为壮观,将亭、阁、塔合一,总高56.8米,共有7层。登上最高层,极目汉江,山、水、城、林、洲、桥相融,美景尽收眼底。唐宋八大家之一欧阳修所写《岘山亭记》,现刻于岘首亭北坡。堕泪碑篆刻的是西晋文学家李兴的《羊公之碑文》,对羊祜生平、功绩、品德做了高度概括性的描述和评价。第二种:岘山即"三岘"。将襄阳城西南诸山中的岘首山、琵琶山(过去叫紫盖山)、万山三座山头称为"三岘",岘首山为岘首、琵琶山为岘中、万山为岘尾;或反向称之万山为上岘、琵琶山为中岘、岘首山为下岘。第三种:岘山为襄阳城南诸山的总称。通常指城南的岘首山、凤凰山等连绵山体,20余座山峰群组概称为岘山。其中影响最大的除岘首山之外，万山、羊祜山、扁山、尖山、真武山、虎头山等较为有名。①

二、岘山之人文资源

襄阳岘山，通常指城南的岘首山、凤凰山等连绵山体，包括20余座大小山峰，起于城西10里的万山，终于城南20余里的百丈山，包括虎头山、望楚山、扁山等丘陵山体。原本"小而高"的山，都可称之为岘山。如今，襄阳岘山独擅"岘"名，是因其厚重的历史文化。襄阳岘山及附近，到处是名胜古迹。有着"中国私家园林鼻祖"之誉的凤凰山习家池，羊祜的堕泪碑与杜预的沉潭碑，刘表墓与杜甫墓，张公祠和高阳池，王粲井及蛮王洞等，蜿蜒数公里。

岘山脚下的襄阳古城是兵家必争之地，历代名将白起、朱序、关羽、岳飞、李自成等曾在此征战，现有刘备马跃檀溪处、凤林关射杀孙坚处等遗迹。岘山东边，是大诗人孟浩然的隐居地鹿门山；南边，临近楚皇城及宋玉故里；北边，是大书法家米芾的老家；西边，则是诸葛亮的躬耕地——古隆中。

岘山，到处是名胜，遍身皆古迹。许多亭、祠、阁楼、寺观、碑刻点缀其间；许多神话、人物、战争等故事发生在这里；许多名人诸如羊祜、杜预、释道安、习凿齿、孟浩然、皮日休等人先后在此隐居、休憩、游览、求学、著书、传教等。据记载：有十多座古寺，九洞，八故宅，七亭，四池，三祠三潭，二关二泉二庙，一溪一湖一渠一渚一馆等，还有众多的摩崖碑刻，可谓一石一古迹，一木一景观。

岘山的人文资源主要表现在以下几个方面：一是洞穴众多。岘山9洞，目前存有谢庄洞、栖霞洞（广阳洞）、伏羲洞（圣人洞）、蛮王洞（王莽洞）、老虎洞（刘秀洞）、大米洞、龙王洞、麝香洞（云彩洞）等。二是奇石独特。目前有岘石、结义石、莲花石、鳄鱼石等，最著名的当属岘石。岘石，蘑菇状巨石，高20余米，矗立于襄阳城南4千米的岘山北坡，上刻有"岘石"二字。三是摩崖石刻。摩崖石刻是指在天然的山崖石壁上所刻的书法、造像或者岩画。岘山摩崖石刻共有11处，分为文字石刻和石刻造像两种。其中，襄樊铭被批准为国家重点文物保护单位，岘石石刻、郑家山摩崖题刻被批准为省级文物保护单位，楚岩、蛮王洞、刘秀洞佛像、马跃檀溪、甘泉寺、延庆寺、凤林寺凤皇池、癞毒山冲石刻等其他8处石刻已录入文物普查名单。11处摩崖石刻，最具影响力的当属《襄樊铭》摩崖石刻。襄樊铭，又称李曾伯纪功铭或大宋碑摩崖石刻，位于襄阳城西南1.5千米的真武山东麓石壁上。铭文为阴刻楷书，竖排11行，99字，字径30厘米，是研究宋史的珍贵资料。四是岘山古寺。佛教在岘山曾经非常盛行，有"两里有三寺，走寺不见寺"之说。历史上凤凰山、羊祜山一带曾有"一山藏四寺"的壮观场面。著名佛教领袖释道安曾携弟子400余人驻白马寺弘法传道，使岘山的习家池一度成为全国著名的佛学研究中心。岘石寺、白马寺、谷隐寺、甘泉寺、延庆寺，记述了释道安、释惠远在襄阳弘法15年的历史。除此之外，还有观音阁、谷隐寺遗址、幽兰寺遗址、卧佛寺等。五是古井数处。万山王璨井、土城山虎皮井、岘山古冰井、谷隐寺莲花井、岘首山王叔和井、观音阁孟家井、曹家山古寨井等。

---

① 襄阳岘山.微信公众号"襄阳自游人"，2023年11月13日.

伏羲和孟浩然巨型摩崖石刻雕像

三、岘山之历史底蕴

　　襄阳岘山既可怀古，又可览胜，还可饯别，这便提供了绰有余裕的驰骋诗思空间，使这里成了一张孕育诗歌的温床。《全唐诗》中"岘山"二字出现了70次，"岘首"出现了41次。岘山位于湖北省襄阳市中心城区南部、襄阳古城东南、汉江西畔，由岘首山、凤凰山、虎头山、真武山、羊祜山、万山等20余座连绵群峰组成。

　　全国以"岘"为名的山有很多，但襄阳的岘山是一座名声最为响亮的文化名山，而给

羊祜

岘山涂抹上第一笔也是浓墨重彩一笔的，就是羊祜。《晋书·羊祜传》记载：祜乐山水，每风景，必造岘山，置酒言咏，终日不倦。羊祜在镇守襄阳十年间，处理完政务后喜游山水，尤其爱召集僚属，到襄阳城南的岘山，饮酒赋诗。

　　晋泰始五年（269年），晋武帝命羊祜坐镇襄阳，都督荆州诸军事。在镇守襄阳的十年间，他大行德政，屯田兴学，深受百姓爱戴；他与吴国将领陆抗惺惺相惜，就连吴国军民都尊称他为"羊公"；作为三军统帅，他学识渊博，时常轻裘缓带，风度翩然；他是西晋统一的倡导者和执行者，最终与继任者杜预一起完成了平吴大业，可谓功勋卓著。这样一个几乎没有缺点的人，对后世文人来说，就是一个偶像

般的存在。那么，来自偶像的一声叹息，自然也就被赋予了超越千钧的重量。晋咸宁四年（278年）羊祜病逝，襄阳百姓自发罢市，痛哭流涕。由于羊祜最爱岘山，襄阳百姓便在他"置酒言咏"处立碑建庙。百姓感念他的恩德，常常一见碑就止不住流泪，于是此碑被杜预称为"堕泪碑"。

羊祜一定没有想到，不只是他的功名，就连他在岘山上的慨然长叹，也成为后世诗人吟诵不衰的话题。几乎所有人只要写襄阳必然会写到岘山，而写岘山必指向羊祜。访古登岘山，并在堕泪碑前堕一番泪，也成了中国文学史上一个独特的文化现象。

唐代，岘山是外地诗人到襄阳后必去的"打卡盛地"。李白在《襄阳曲四首》中说："岘山临汉江，水绿沙如雪。上有堕泪碑，青苔久磨灭。"[①]到了宋代，写岘山的诗歌有苏轼的《岘山》："远客来自南，游尘昏岘首。"[②]宋庆历七年（1047年），前面我们提到的王洙（字原叔）出于对羊祜的无比敬仰，花重金重修了羊公祠，邀请了包括范仲淹在内的十五位重量级文人，各出一诗，盛赞羊祜的功绩与德政，并刻在一个八面石幢上，成为北宋文坛的一件盛事。明代王缜的《岘山》"叔子乃儒生，岘山事游衍"[③]，清代的王士祯的《登岘和孟韵》"岘山风景地，名士几登临"[④]等，众多诗作，使岘山成为一座具有深厚文化内涵的名山。

岘山不仅是一座诗歌之山，还是一座德政之山，羊祜以其"文为辞宗，行为世表"的人格魅力成为屹立在后世官员心中的一座高山，而堕泪碑是让历代官员仰视的德政丰碑。自晋代以来，石碑一旦遇到损毁，会很快得以重立。据文史专家方莉考证，历史上有记载的堕泪碑至少有八块。尤其值得一提的是，晋永兴年间，大将刘弘任荆州刺史时，命幕僚李兴重撰了一通羊祜碑记，这就是晋文名篇《晋故使持节侍中太傅钜平成侯羊公碑》。今日岘首山上重立的堕泪碑，其正面就刻的是李兴所撰的这篇碑文。为祭祀羊祜所建的祠宇（历史上先后有"羊侯祠""羊公祠""羊太傅祠"，清代合为"羊杜二公祠"），也是屡废屡兴。历史上，襄阳对羊祜的春秋两祭均由官府主持，可见对羊祜的尊崇与景仰。浏览明清方志会发现，驻守襄阳的地方官员中，出现了很多循吏，通俗地说就是出了不少好官。从今天来看，他们都在很大程度上受到羊祜的影响。因为有羊祜这个标杆和楷模在前，很多官员都会把为官一任、造福一方作为自己的施政追求。

羊祜德政的影响当然不仅是在襄阳。江西抚州有个"拟岘台"，"拟"就是模仿的意思，是宋代抚州知府裴材因崇拜羊祜而建。华山有个念岘台，也与羊祜和岘山有关。对羊公遗韵的"跟风"与模仿，还出现在遥远的韩国，韩国的襄阳郡内至今仍有岘山和堕泪碑，且碑文明确指出——"盖取襄阳人思羊祜而望其碑则泪立堕者也"，可见岘山文化的流播之深远广泛。[⑤]

---

①　李白.襄阳曲四首.

②　苏轼.岘山.

③　王缜.岘山.

④　王士祯.登岘和孟韵.

⑤　襄阳这座文化名山，靠什么赢得古往今来众多诗赞，微信公众号"襄宣在岘"，2023年7月28日。

堕泪碑

四、岘山之生态探索

岘山作为具有独特地理和生态地位的区域,其生态建设不仅关乎当地生态平衡和生物多样性,也对区域经济发展和社会稳定具有深远影响。由于长期的采矿活动严重破坏了岘山的自然景观和人文景观,采挖形成了巨大的断崖和陡壁,区域内自然生态系统退化和受损严重。随着人类活动的日益加剧和环境变化的挑战,加强岘山生态建设已成为当务之急。

岘山矿坑治理后现状图

2014 年开始,襄阳市采取"政府引导、企业参与、多资本融合"的模式,针对大面积断崖难以覆土复绿问题,采取了依据山体雕刻石像进行修复的最佳方案,对占地 1430

亩的山体进行大规模国土绿化,将生态修复治理与文化旅游产业相结合,着力打造大岘山文化旅游景区。实现了"荒山变青山、浊水变清水、矿区变景区"。

岘山拥有多样的植物群落,包括珍稀树种和特色植被,这些植被在维持生态系统稳定、提供生态服务等方面发挥着重要作用。此外,众多野生动物栖息于此,形成了独特的生态链条。山泉、溪流等水资源丰富,对区域气候和生态循环有着关键影响。持续推动岘山生态建设具有重要的现实与实践意义。一方面,有助于保障物种多样性,促进了生态系统的稳定运行,为生态旅游等产业提供了基础,带动了地方经济增长。另一方面,岘山生态建设也是习近平生态文明思想的重要孕育地和先行实践地,对于实现高水平保护与高质量发展良性互动具有重要的推动作用。

岘山生态建设是一项长期而艰巨的任务,需要政府、社会和公众的共同努力。通过制定科学的规划、采取有效的措施、加强管理和监督,以及持续的投入和创新,岘山有望实现生态、经济和社会的协调发展,成为生态建设的典范。同时,应不断总结经验教训,根据实际情况及时调整策略,以适应不断变化的环境和发展需求。未来,我们应继续关注岘山生态建设的进展,为其可持续发展贡献力量。

本章小结

一江春水穿城过,十里青山半入城。襄阳,这座历史悠久的城市,正以崭新的姿态拥抱绿色,演绎着"绿满襄阳"的美丽篇章。襄阳城位于华夏腹地、汉水之滨,拥有2800多年的建城史,是国家历史文化名城,是楚文化、汉文化、三国文化的主要发源地。如何守护好"华夏第一城池",绘就一幅新时代的"山水清远图",让"一江碧水、十里青山"永葆生机是襄阳现代化发展的根基。近年来,襄阳以摩崖石刻为载体厚植历史人文底蕴,以植树造林为先导重建自然生态系统,以矿山修复、绿化荒洲为核心打造文化旅游景区,断崖陡壁、江中沙洲蝶变为生态公园、城市绿心,提升城市的"含绿量",增加产业的"含金量",打造出了水清、河畅、岸绿、景美的生态环境,实现了经济发展与环境保护的双赢。襄阳,正以绿色为底色,奋力谱写着中国式现代化实践的襄阳篇章。

习言习语

绿水青山就是金山银山,贯彻创新、协调、绿色、开放、共享的发展理念,加快形成节约资源和保护环境的空间格局、产业结构、生产方式、生活方式,给自然生态留下休养生息的时间和空间。

——2018年5月18日至19日,习近平出席全国生态环境保护大会发表重要讲话

推荐书目

［1］习近平.论坚持人与自然和谐共生［M］.中央文献出版社，2022.

［2］习近平.习近平关于中国式现代化论述摘编［M］.中央文献出版社，2023.

绿满襄阳实践活动记载表

姓名		班级		主题	
验证资料（图片、文字、视频等）					
准备阶段					
实施阶段					
总结阶段					
襄遇有礼					

第九章

文旅襄阳

"历史名城几春秋，只借文旅吹又生"。2024年3月26日全国文化和旅游产业发展工作会议在浙江宁波召开，会议提出，文化和旅游产业发展空间广阔，要进一步发挥文化和旅游产业在稳增长、扩内需中的重要作用，推动文化和旅游产业成为发展新质生产力的重要动能和实现高质量发展的重要着力点。襄阳作为历史悠久的文化古城应深耕会议精神，挖掘本地特色文化故事与历史底蕴，深度融合文化产业和旅游产业，打造高质量文旅新业态，满足当代人们形式多样的沉浸式体验需求与精神文化需求。

第一节　大师咏侠义　古城载底蕴

一、金庸大师笔下的侠义之城

提起襄阳，最为脍炙人口的是金庸大师笔下多次提及的"襄阳城"，金庸的一生，塑造了太多侠骨柔情的江湖人物，他用文字编织了豪情万丈的武侠梦，也让襄阳这座城大放异彩。在《射雕英雄传》《神雕侠侣》中提到襄阳多达260次，大师用大量笔墨描写了襄阳城、襄阳保卫战:《射雕英雄传》中，主角郭靖和黄蓉坚守襄阳数十载的故事可谓家喻户晓。《神雕侠侣》是三部曲中让襄阳扬名的"主力"，全书四分之一的回目，背景都在襄阳一带。黄蓉生下二女儿，取名郭襄，这个"襄"字就来自襄阳。第二十一回的回目是"襄阳鏖兵"，第三十九回则是"大战襄阳"。《倚天屠龙记》承接《神雕侠侣》，书中的引子是"襄阳人"郭襄独闯少林寺，引出一段有趣的故事。

2004年，中央电视台举行中国首届魅力城市评选，襄阳入选。金庸作为评委之一，为襄阳写下了这样的评语:"中华腹地的山水名城，这才是一座真正的城！古老的城墙依然完好，凭山之峻，据江之险，没有帝王之都的沉重，但借得一江春水，赢得十里风光，外揽山水之秀，内得人文之胜，自古就是商贾汇聚之地。"金庸先生曾说:"我本来还想去郭襄的出生地襄阳，可是因为坐火车不舒服，也没有去。"那时候，金庸年岁已高，不胜舟车劳顿，很难适应长途旅行，因而与襄阳擦肩而过。金庸虽然终生没有去过襄阳，可襄阳没有忘记金庸。2018 年 10 月 30 日，金庸去世，享年 94 岁。襄阳的城墙之上，点燃了万盏烛火，照亮了一座城，为金庸照亮前路。或许，这就是金庸笔下反复颂扬的"侠义"精神。

二、古墙守护的兵家必争之地

作为一座历史文化名城，早在旧石器时期，襄阳先民就在这一带繁衍生息，过着渔猎采集、刀耕火种的生活。西周时期，周宣王将仲山甫封于此地，这是襄阳建制的开始，距今已有 2800 多年建制历史，2800 多年来，襄阳走出了无数英雄豪杰，见证并参与了无数重大历史事件。春秋名将伍子胥、战国辞赋家宋玉、东汉开国皇帝刘秀、与诸葛亮齐名的三国谋士庞统、诸葛亮在《出师表》里郑重推荐的将军向宠、"诗圣"杜甫的祖父杜审言、恢复大唐社稷的宰相张柬之、唐朝著名山水田园诗人孟浩然、《枫桥夜泊》诗作者张继、宋朝与苏轼齐名的书法大家米芾、南宋名相范宗尹、明朝状元任亨泰、清朝文渊阁大学士单懋谦……他们都是襄阳这片沃土孕育出的时代俊杰。

自古以来，襄阳是兵家必争之地。三国时期，蜀汉名将关羽发起北伐，上演了水淹七军的经典战例。遗憾的是，仅仅过了 3 个多月，孙吴在背后捅刀子，形势急转直下。吕蒙白衣渡江，关羽败走麦城。刘备兴复汉室的努力，功亏一篑。南宋末期，蒙古大军曾经 4 次对襄阳展开大规模进攻，时间分别是 1235 年、1243 年和 1257 年和 1267 年。前三次进攻，蒙古大军不是折损主帅，就是可汗暴毙。在 1267 年，蒙古大军第四次围攻襄阳,围城长达 6 年,击败了南宋的数次救援。1273 年,襄阳守将吕文焕在粮尽弹绝的情况下,被迫开城投降。襄阳古城墙默默见证了历史的演变,展望着城市的发展,守护着一代又一代后人的生活,千年后的今天,人们带着刀光剑影的故事和心中深厚的情怀来访问这座城。

三、诸葛孔明隐世的山水之城

　　襄阳是三国故事的源头和三国文化的发祥地,以诸葛亮文化为核心的三国文化,是镶嵌在这座中国魅力城市桂冠上的璀璨明珠。《三国演义》120 回的故事中,有 32 回发生在襄阳,现存有 50 余处三国历史文化遗址遗迹,有司马荐贤、三顾茅庐、马跃檀溪、水淹七军、刮骨疗毒等三国故事。公元 207 年,刘备为复兴汉室求天下之大计,三顾茅庐请诸葛亮出山,孔明感激刘皇叔的三顾之恩,全面分析了当时全国的局势,提出三分天下的策略,辅助刘备建立蜀汉政权,这就是名扬天下的《隆中对》,诸葛亮"静以修身,俭以养德""淡泊明志,宁静致远""鞠躬尽瘁,死而后已"的精神品格为后人传颂。

《隆中对》

魏晋·陈寿

　　亮躬耕陇亩,好为《梁父吟》。身高八尺,每自比于管仲、乐毅,时人莫之许也。惟博陵崔州平、颍川徐庶元直与亮友善,谓为信然。

　　时先主屯新野。徐庶见先主,先主器之,谓先主曰:"诸葛孔明者,卧龙也,将军岂愿见之乎?"先主曰:"君与俱来。"庶曰:"此人可就见,不可屈致也。将军宜枉驾顾之。"由是先主遂诣亮,凡三往,乃见。因屏人曰:"汉室倾颓,奸臣窃命,主上蒙尘。孤不度德量力,欲信大义于天大,而智太短浅,遂用猖獗,至于今日。然志犹未已,君谓计将安出?"

　　亮答曰:"自董卓已来,豪杰并起,跨州连郡者不可胜数。曹操比于袁绍,则名微而众寡,然操遂能克绍,以弱为强者,非惟天时,抑亦人谋也。今操已拥百万之众,挟天子而令诸侯,此诚不可与争锋。

　　孙权据有江东,已历三世,国险而民附,贤能为之用,此可以为援而不可图也。荆州北据汉、沔,利尽南海,东连吴会,西通巴、蜀,此用武之国,而其主不能守,此殆天所以资将军,将军岂有意乎?

　　益州险塞,沃野千里,天府之土,高祖因之以成帝业。刘璋暗弱,张鲁在北,民殷国富而不知存恤,智能之士思得明君。

　　将军既帝室之胄,信义著于四海,总揽英雄,思贤如渴,若跨有荆、益,保其岩阻,西和诸戎,南抚夷越,外结好孙权,内修政理;天下有变,则命一上将将荆州之军以向宛、洛,将军身率益州之众出于秦川,百姓孰敢不箪食壶浆以迎将军者乎? 诚如是,则霸业可成,汉室可兴矣。"

　　先主曰:"善!"于是与亮情好日密。

关羽、张飞等不悦,先主解之曰:"孤之有孔明,犹鱼之有水也。愿诸君勿复言。"羽、飞乃止。

　　襄阳市古隆中景区是三国文化和自然景观相综合的景区,以古隆中为核心景区,诸葛亮故居为主体的风景名胜区。总面积209平方千米,已有1800多年的历史。明代就形成了"古隆中十景",新中国成立后又先后修建或新建了古隆中书院、诸葛草庐、吟啸山庄、铜鼓台、长廊、观星台、棋盘石、琴台、孔雀寨、猴山等众多景点。古隆中景点多为明、清时代建筑,房屋皆为四合院式,殿堂只带前廊,为木列架和硬山墙组合,不饰斗栱飞檐。搏风有彩绘,墙头尖除中央翘起外。隆中牡丹园坐落在诸葛亮故居的老龙洞背后,历史悠久,历代以来荆襄大地就有"阳春三月三,隆中看牡丹"的习俗。

襄阳市古隆中风景区石牌坊

　　石牌坊是隆中的标志性建筑,清光绪十九年(1893年)所建。仿木结构,四柱三门楼式高约6米,宽约10米。牌坊正中的字碑上雕刻"古隆中"三个大字,两边大书"澹泊明志""宁静致远"的名句。古籍记载:襄阳城西有山,隆然而中起,号曰隆中。隆中可谓"地于山而得名,山于人而得灵",这个给隆中山增添灵气的人就是诸葛亮。

　　武侯祠始建于晋朝,是祀奉诸葛亮的祠宇,位于隆中山腰,后历经隋、唐、宋、元、明、清、民国,兴废频仍,现今建筑为清康熙三十八年(1699年)荆襄观察史蒋兴岂重建。祠宇为四进三院层台式建筑,主殿内有诸葛亮及其子孙诸葛瞻、诸葛尚塑像供人瞻仰、祭拜。祠内还有一株400余年的金桂,颇有灵气。

襄阳市古隆中风景区武侯祠

　　诸葛草庐是诸葛亮当年在隆中卧读躬耕、生活起居之处,电视连续剧《诸葛亮》曾在此拍摄。草庐风格为仿汉式建筑,用于再现诸葛亮当年在隆中饮食起居的生活,内有木牛流马、状元树等物件。

襄阳市古隆中风景区诸葛草庐

　　隆中书院始建于五代天福年间,当时被称为五灵王学业堂。到了元代末年,广德寺书院迁到隆中后,与原来的书院合并,统称为隆中书院。隆中书院,占地3600平方米,建筑面积1123.44平方米,分为序言厅、励志厅、勤政厅、廉政厅、诫子厅、展望厅六大板块。它集中为我们展现了诸葛亮的一生，再现了其从励志成才、勤廉治国到子女教育等多个方面的事迹和思想。三顾堂是为了纪念刘备三顾草庐而修建的纪念堂。现存三顾堂的主体，是清康熙五十八年（1719年）由赵宏恩在三顾堂原址上重建的。三顾堂门口的对联写着"两表酬三顾，一对足千秋"，"两表"指的就是诸葛亮的前、后出师表，"一对"则是指著名的《隆中对》。

襄阳市古隆中风景区三顾堂内景陈设

诸葛亮在隆中居住时，和弟弟诸葛均一起开荒种地，过着自给自足的躬耕生活。1984年，隆中风景区在躬耕田的中间立单檐庑殿顶式亭阁一座，亭上方有"田园淡泊"匾额，亭中是国家军委原副主席刘华清于2002年到访隆中时所题写的"躬耕陇亩"碑。每逢春季，亭阁周围金黄的油菜花遍布，仿佛述说青年诸葛亮的隐居时光。

襄阳市古隆中风景区躬耕田

三国典故——《马跃檀溪》

马跃檀溪是著名的典故，刘备被曹操打败，投靠刘表，住在荆州。刘表待刘备甚厚，可他的妻子蔡夫人和其兄蔡瑁总怀疑刘备有吞并荆州之心，每每提醒刘表："刘备常居荆州，久必为患，不可不防。"刘表却道："玄德仁人也，不至如此。"有一次打仗，刘备缴获了一匹名叫"的卢"的千里马。刘表看见，非常喜爱，称赞不已。刘备便将此马送给刘表。刘表手下有人颇晓相马之术，谓此马眼下有泪槽，额边生白点，名为"的卢"，骑则妨主，劝刘表不可骑乘。自此刘表便对刘备起了戒心，他听从蔡夫人之言，把刘备派往新野驻扎，并将"的卢"送还刘备。第二天，刘备骑马出城，刚出城门，只见一人在马前拦住说道："公所骑马，不可乘也。"玄德视之，乃荆州幕宾伊籍，忙下马问之。伊籍道："昨日有人对刘表称：此马名的卢，乘则妨主。刘表因此还公，公岂可再乘之？"刘备答道："谢先生好意。但凡人死生有命，马岂能妨哉！"自此仍骑乘的卢。

蔡夫人和蔡瑁早就对刘备恨之入骨，几次图谋加害，都未能得手。一次，刘表在襄阳大会百官，由于病重不能行动，便请刘备到襄阳代为主持。蔡氏兄妹借此机会又设下毒计，欲害刘备。宴会这天，蔡瑁派兵把守住东、北、南三座城门，只留下西门。西门外有一大溪，宽数丈，名"檀溪"（今襄阳市一带），水流湍急。虽有数万之众，亦不易过。城内埋伏五百军士，把州衙围得铁桶一般。又另设一席，劝保护刘备的赵云和三百士兵都去吃酒。一切布置停当，只待时机一到，即刻下手。席间，幕宾伊籍起身把盏敬酒，来到刘备面前，悄悄向他透了消息。刘备会意，借口更衣，来到后园。伊籍随后赶到，对刘备附耳言道："蔡瑁设计害君，城外东、南、北三处皆有军马把守，唯西门可走，公宜速逃！"

刘备听罢，大惊失色，急解的卢马，开后园门牵出，翻身上马，连打数鞭，飞也似地奔出西门。行无数里，迎面檀溪挡住去路，只见溪水湍急，波浪翻涌。刘备见溪宽水急，欲勒马再回，只见城西尘土飞扬，追兵将至。刘备不觉叫苦："今番死矣！"回马到溪边，再看时，追兵已近，只得纵马下溪，没走几步，马失前蹄，浸湿衣袍，刘备挥鞭大呼："的卢，的卢！今日果然害我！"话音刚落，那马从水中涌身而起，一跃三丈，飞上西岸。蔡瑁引兵赶到溪边，隔岸见刘备骑马远去，无可奈何，对左右说："刘备定有神灵相助！"说罢，悻悻而归。

第一节　城楼临汉水　街巷藏市井

襄阳古城旅游片区名胜古迹众多，古城墙、夫人城、昭明台小北街、管家巷、唐城影视基地、习家池、广德寺等等，襄阳市结合城市历史文化底蕴，不断开发新型文旅产业，将市民生活的烟火气与古城文化完美融合。

一、文化古城半环的历史之城

襄阳古城墙位于现湖北省襄阳市襄城区境内，起初筑于汉初（具体年代无考），屡经整修（从城墙砖上有"邓城""太平兴国""岳""光绪"等字样可证），略呈正方形。其东南隅有仲宣楼（俗称会仙楼）、魁星楼，西南隅有狮子楼，西北隅有夫人城，体现了明代的汉族建筑风格和规划思想。2001 年 6 月 25 日，襄阳城墙作为明代古建筑，被国务院批准列入"全国重点文物保护单位"。由于城高且固，濠宽且深，加之汉岘天设，山川环卫，是以号称"铁打的襄阳"。

临汉门（小北门），近处的就是北街（仿古步行街）上的建筑。

临汉门

仲宣楼，在襄阳城的东南角。

城西北角筑有子城"夫人城"，为东晋太元三年（378年）中郎将、梁州刺史朱序母韩夫人率众所筑，明代初年及以后多次扩建。平面呈长方形，稍向外突出，东与襄阳城墙相连。南、西、北墙分别长 21.7 米、29.2 米、19.2 米，高约 11 米，厚约 18 米，内以土夯筑，外砌大城砖。北墙上嵌石匾，镌"夫人城"三字，下嵌碑数通，刻有"襄郡益民胜迹夫人城为最"等字样。

仲宣楼

夫人城

昭明台，昭明太子为梁武帝长子，生于襄阳，辑《昭明文选》，垂于后世。昭明台始建年代待考，原名"文选楼"，唐代改称"山南东道楼"，旧有唐李阳冰篆书"山南东道"四字石刻。明代更名"钟鼓楼"，嘉靖时称镇南楼，清顺治重建后定名昭明台。位于襄阳城中心，跨北街西南而建。青砖筑台，中以条石拱砌洞，洞高4.5米，宽3.5米，台上建5开间重檐歇山顶式楼，高约15米，东西各建横屋4间，西南有鼓楼、钟楼各一，此楼雄踞城中，巍巍壮观，古誉为"城中第一胜迹"。与昭明台连接的就是襄阳北街，北街历史悠久，商周时期开始发展，唐宋时期甚为繁华，虽历经沧桑战火，但街道位置没变，1991年，为迎接第一届诸葛亮文化节和全国历史文化名城会议（俗称"一节一会"）在襄阳举行，市政府决定将北街改建为一条与襄阳古城墙、昭明台等古建筑相匹配、仿明清建筑风格的文化商业步行街。据称，北街是全国最长的仿古步行街。2001年和2007年，市政府又先后成立襄城北街区域整治工程指挥部，对北街的排水管网、路面街景、交通环境等进行整治或维护。北街有业主200多户、门面300多间，已成为襄阳城内古老而繁华的街道。2019年出台的《襄阳古城保护条例》将北街列入保护名录，连续两个关于襄阳古城的"保护与发展三年行动计划"都将北街作为重点。襄阳古城管理委员会作为市政府派出机构，成为襄阳古城的管理机构，管理包括北街在内的整个襄阳古城区域。为了加强街区运营管理，成立了襄阳古韵襄风旅游开发有限公司负责街区的运营工作。公司以"坚持一流品质，提供一流服务，品质第一，游客至上"为口号，定期开展相关业务培训，让"高品质服务"的理念深入人心。2017年，北街被命名为"湖北旅游名街"。2021年10月，北街被评为首届湖北省旅游休闲街区。

二、市井烟火融合的生活之城

管家巷，位于湖北省襄阳古城墙内，西通北街，原是襄阳的一条古老街巷，明清时期，"半城烟火半城诗"是它的写照。为留存城市记忆，襄阳市委、市政府从历史文化的视角，对管家巷进行了更新改造。改造后的管家巷文化休闲街区总建筑面积约1.35万平方米，采用"形态、业态、文态、生态"四态融合的设计理念，设有闹街、慢巷、闲院三大功能分区，采用明末清初传统院落式布局，以一至二层仿古建筑为主，屋面以小青瓦或筒瓦铺装，达到修旧如旧的效果。目前，管家巷街区内经营商户已达100家，其中"非遗"项目和襄阳老字号共有23个。管家巷特邀中央戏剧学院团队，创作了《诗画襄阳》《侠义襄阳》等10部具有襄阳韵味的剧目，开街后将全天在街区内演绎。刘秀、诸葛亮、孟浩然、米芾等30多位与襄阳有关的历史人物，将"走街串巷、演艺互动"，带给游客梦回千年的沉浸式体验。

三、影视文娱崛起的体验之城

　　襄阳唐城影视基地，位于湖北省襄阳市襄城区，是依托襄阳古城的历史，以唐朝时期文化为背景建造的仿古建筑群。景区内包括城楼、宫殿、街市、寺院、水系等六大片区，并引入了汉江活水，通过8座桥梁与城内8条水系相连，形成"八水绕长安"的格局。唐城内的建筑雄伟壮观，色彩绚丽，如凯旋楼、明德门、朱雀廊、东西市、青龙寺、皇宫、胡玉楼、高力士宅等，漫步其中，仿佛穿越时空，回到了唐朝。此外，唐城也是多部著名影视作品的拍摄地，如《天盛长歌》《艳骨》《梦华录》和《妖猫传》等。景区内还提供汉服租借服务，游客可以体验穿着仿唐朝古装的乐趣。唐城不仅是一个旅游景点，也是研究唐朝文化的重要场所，其建筑、雕塑、壁画等艺术形式都反映了唐朝的文化特点和艺术风格。

襄阳市襄阳唐城影视基地大门

襄阳市襄阳影视基地夜市

华侨城,襄阳华侨城奇幻度假区位于襄阳市东津新区,总占地约 8.48 平方千米(净地约 6300 亩),着力构建"优质生活新城""汉江文化客厅""商业商务文化中轴""奇幻度假区"四大空间格局及业态,打造中西部地区具有创新力的绿色文旅新城。华侨城奇幻度假区(中国·襄阳)是华侨城集团打造的休闲旅游度假新城,由"奇梦海滩""奇幻谷""奇趣童年"三大沉浸式主题公园及商业度假小镇——奇妙镇组成,集主题公园、酒店餐饮、娱乐休闲于一体。

四、依青山傍绿水的生态之城

习家池,位于湖北襄阳城南约五千米的凤凰山(又名白马山)南麓,建于东汉建武年间(25—56 年)。襄阳侯习郁,依春秋末越国大夫范蠡养鱼的方法,在白马山下筑一长六十步、宽四十步的土堤,引白马泉水建池养鱼。习家池中圆台上建有重檐二层六角亭,俗称"湖心亭"。其周绕以雕花石栏,凭栏可赏出水芙蓉,悠然游鱼。习家池是本区最早的古代私家园林。

习家池旧有凤泉馆、芙蓉台,亭北有习郁墓。三面环山,一面临水,山色苍翠,水光潋滟,花红柳绿,景色宜人,古往今来吸引了不少游人。习家池背倚白马山,三面环抱。南望汉水,风帆隐现。远眺鹿门,山色苍然。园内楼馆台榭,参差栉比。绿枝佛岸,粉荷映水,自是天然佳境。游习家池,有月更好。不论满月如镜,新月似镰,上看勾悬于亭上飞檐,下看游荡于池中清波。使人感觉世界是那么宁静,那么悠闲,那么赏心悦目。

五、祈福崇德向善的虔诚之城

广德寺，原名云居寺，位于湖北省襄阳县城西 13 千米处，与古隆中毗邻，是湖北省佛教历史上著名的十方丛林，四周呈方形，面积约 30000 平方米，有一条宽约 10 米的小溪环绕。殿宇林立，古树参天，苔藓匝地，异常幽静。1988 年，广德寺多宝塔被中华人民共和国国务院公布为第三批全国重点文物保护单位之一。始建于唐代贞观年间，初名"云居禅寺"。明代成化年间因明宪宗御笔亲赐"广德禅林"牌匾，遂改称"广德寺"。寺内原有天王殿、大雄宝殿、伽蓝殿、韦驮殿、观音殿、藏经楼、方丈房等建筑，现仅存天王殿、藏经楼、方丈房和多宝佛塔。

广德寺寺院与国家级古隆中风景区毗邻，寺内古木参天，寺外碧水环绕，环境幽雅宜人，被清朝康熙皇帝赐封为"护法尊"的古银杏树千年不衰，枝叶茂盛。寺院占地面积4.5万平方米，是鄂西北著名古刹。鼎盛时期，骑马观山门，敲钟开斋饭，是湖北省佛教历史上著名的十方丛林，其影响涉及鄂、豫、川、陕、赣、苏、浙等省、市。1991年，市政府拨专款180万元，维修了广德寺藏经楼、方丈院、知客楼、天王殿及山门，修复了大雄宝殿。经省人民政府批准，1997年1月，广德寺为佛教活动场所正式开放。

第二节 非遗永传承 自信心中留

一、襄阳花鼓戏

花鼓戏（襄阳花鼓戏）是湖北省襄阳市传统戏剧，国家级非物质文化遗产之一。流传于湖北省襄樊市辖区，襄阳花鼓戏孕育于襄阳当地一带的民间艺术活动。襄阳花鼓戏的雏形是"二小戏"，受清戏、二簧、湖北越调的影响逐渐发展成板腔音乐。襄阳花鼓戏的声腔有桃腔、汉腔、四平腔、彩腔四类，用锣鼓伴奏。襄阳花鼓戏具有鲜明的音乐特点和浓郁的地域特色，常演剧目有《白毛女》《一品香》《宋玉传奇》等。2011年5月23日，湖北省襄阳市申报的花鼓戏（襄阳花鼓戏）经中华人民共和国国务院批准列入第三批国家级非物质文化遗产名录，非遗编号：Ⅳ-112。

襄阳花鼓戏有其悠久的历史渊源，主要流行在汉水中上游一带的襄阳、宜城、南漳、谷城、保康、老河口、枣阳等地。初称"地花鼓""花鼓子"，自登台演出之后，渐多以"花鼓戏"相称。初为"打火爆"班子（以锣鼓打场的灯班）中一、二装扮角色的歌舞故事表演，称"单玩子"或"双玩子"，节目有《砍黄豆》《腌腊菜》《打小秃》《接新娘》《卖翠花》等。清道光年间，襄阳的这类表演形式与鄂东、荆州一带的花鼓戏交流结合，并受清戏、汉剧、湖北越调影响，乃逐渐形成了以打锣腔为主，并具鄂北方言与艺术特点的襄阳花鼓戏。清朝末期至民国年间，襄阳花鼓戏屡遭官府禁演，只能避之于乡野活动，时被人们称为"躲躲戏"。然而分散在各地农村演出的班社却日渐增多。

1951年，襄阳地区成立花鼓戏演出队，剧种始出"襄阳花鼓戏"之名。后流行区域各县相继组建了专业或业余剧团，并各以本县县名冠称。1980年，襄阳地区文化局经研究认为，襄阳地区范围内冠称县名各异的花鼓戏，实为同一剧种。可统一称为"襄阳花鼓戏"。中华人民共和国成立后，襄阳花鼓戏音乐在继承传统的基础上，有些革新与发展。1956年，襄阳县组建了专业剧团。襄阳县当地专业音乐工作者乃与襄阳花鼓戏艺人相结合，以《访友》《站花墙》《赠银》等传统剧目为试点，为桃腔、汉腔、四平等主要腔调配上了弦乐伴奏，创编了过门音乐。为乐队新设了胡琴（后改为高胡）、二胡、低胡、笙、唢呐、笛子等文场乐器。并从皮黄剧种和民间吹打乐中吸收了一些文场曲牌和锣鼓点。以上革新使剧种音乐增强了艺术感染力。经整理、加工后的《访友》，曾被中国唱片社灌制唱片发行。20世纪60年代，作曲人员通过移植、创作一批现代戏，着重对彩腔曲调进行了较多的加工。

襄阳花鼓原有剧目约 400 多出，现代只能演唱 200 多出。大部分是演唱家庭故事和男女爱情的，如《梁祝姻缘》《白扇记》《鞭打红梅》《站花墙》等。历史传说剧有《阴阳错》《大蓝桥》《刘海戏蟾》《秦雪梅吊孝》等。常演剧目有《白毛女》《一品香》《宋玉传奇》等。

二、襄阳民间舞狮

在民间，狮子是一种瑞兽，传说舞狮能带来好运，每逢春节或有重大活动的时候，都会在锣鼓声中舞起狮子，祈求吉祥平安。在襄城有一个家族，武狮已经传承了 12 代，每到正月，上十只色彩斑斓的大狮子走上街头，浓浓的年味扑面而来。家住襄城区卧龙镇新建村的吴敦修是襄城卧龙镇吴氏武狮的第十一代掌门人，2009 年，吴氏武狮被列为市级非物质文化遗产。

史料记载，舞狮分南、北两派，因为狮子是文殊菩萨的坐骑，早在三国时期随着佛教传入我国，到南北朝时期开始流行。老吴说，他们的吴氏武狮属于北派，不过他们的武狮子是武术的武。吴氏武狮家谱记载，早在 1837 年，也就是清代道光十七年，吴氏家族搬到隆中山脚下。相传在当年的春天，当地村民发现隆中山上来了一只狮子，经常祸害百姓的庄稼和家畜。吴氏家族就一起到隆中深山处，把祸害百姓的狮子打死了。襄城文化馆馆长刘社芳表示，吴氏家族以习武为生，开过武馆，打过土匪。从那时候，吴氏家族把武术加入舞狮子中，从此有了吴氏武狮的典故。在老吴家中，至今保存着祖辈传下来的刀、枪、剑、棍、叉、耙等十八般兵器，这些都是配合武狮子而准备的。

吴氏武狮的武艺精湛、风格古朴、套路新颖，狮子扑、跌、翻滚、跳跃、擦痒等表演动作丰富，深受人们喜爱。老吴说，他从六岁的时候就跟着父亲武狮子，那时从每年的正月初一到十五闹元宵，整个家族都要出动，带着锣鼓家什、兵器和十几套狮子道具，走村串户去拜年闹元宵。"为什么说传承？就是祖先传下来的，在这一代他有责任传下去，并且把代代相传当作目标。"吴敦修说。

在传统观念中，祖传的东西是传内不传外，传男不传女，但是在这三十多年里，老吴带的徒弟有三百多人。襄城文化馆馆长刘社芳表示，老吴有两个传承线，一个是家族传承，还有一个就是社会传承体系。在他们家族传承的同时，还收徒弟。因为队伍庞大，逢年过节或本市有重大活动的时候，吴氏武狮总是活跃在现场。正月初一向全市人民拜年、月十五闹元宵、五月端午龙舟赛等活动，他们都会参加。

三、襄阳程河柳编

程河柳编，也称襄阳柳编，柳条色白质柔，光润匀称，主要原材料为柳、木、草、藤条等。编织技术包括穿编、定编、平编、拧编、精编、木编六类，产品涉及家用品和装饰品，融实用性、艺术性于一体。远销 100 多个国家和地区，是中国"三大柳编之乡"之一。

2007 年 11 月 21 日，国家原质检总局批准对"程河柳编"实施地理标志产品保护。

《湖北农业名特优资源》中记载：柳编制品主要产地襄阳县程河镇，因地处唐河、白河之滨,洪水极易泛滥,年年水淹。年长日久,在河滩上保留下来一种灌木植物,形似柳树条,耐渍、耐旱、生命力强。以前人们把柳条扦插在房前屋后或田地四周当作篱笆和田界。时间久了以后,用柳条编织简单的居家器具,聊补生活,如筐、篮、盘、篓等,300多年以前就有种植柳条,农村就有编织柳织品的小作坊。时间一长,程河柳编竟小有了名气。当地一直流传着"只种不编,一亩三千;连种带编,一亩六千"的俗语。

四、老河口木版年画

老河口木板年画是中国民间年画的一种,也是湖北省老河口市传统民间艺术的主要品种之一,相传是在明代末年由苏州桃花坞经河南朱仙镇传入,其雕版选用硬质梨木为板材,雕工精细流畅,线条粗犷有力,印刷年画的颜料采用植物和矿物颜料,色彩鲜艳,不易褪色。老河口木板年画的内容多取材于历史戏剧、传说故事,人物造型生动夸张,常见的品种有灶画、大小门画、中堂、条屏等。2011年5月23日,木版年画(老河口木版年画)经中华人民共和国国务院批准列入第三批国家级非物质文化遗产名录,遗产编号:Ⅶ-65。

老河口木版年画在表现手法和创作方法方面都有其独到之处。在表现技法上,老河口木版年画构图饱满而层次分明,人物占据了整个画面,少有留白,整个画面形象较为充实,形成了比较强的视觉冲击力。各种人物、景物的造型皆以线为骨架,线条密实却一丝不苟,其刀法严谨,以阳刻为主,阴刻为辅,展现出木质的自然效果。老河口木版年画颜色丰富、对比鲜明,其大多数作品舍弃了中国传统"五色观"(红、黄、蓝、白、黑)中的蓝色,用间色石绿和紫取而代之。老河口木版年画在配色面积上强调红与黄要大、绿与紫要小,主要特点是以墨压色。同时,老河口木版年画的传统用色多取本色,即自制颜料,如黄丹、靛青、碌、槐黄、赭石、蛤粉、木红、黑烟子等,它们皆以古法炮制,颜色古雅,色彩浓艳而耐久。老河口木版年画不是如实反映自然,而是运用主观性理想化的色彩去塑造形象、营造气氛,其地方特色的民间色彩流露出真实、原始的民俗气氛,可以适应民间春节的吉庆需要。在创作方法上,老河口木版年画运用浪漫主义手法,不受自然现象的约束,高度概括、夸张,画面饱满,形态生动,既合物理又合法度。老河口木版年画在人、景的处理上大胆取舍,简化细节,突出主体特征,强调装饰效果。特别是在人物刻画方面,作品突出主题人物动态,概括提炼,夸张人物的典型特征,其人物比例科学合理,形态真实,行为准确,能够传递出人物的内在精神。

老河口木版年画种类繁多,从画幅上分,主要表现形式有中堂、神像、门神、门画、喜画、历画、贡笺等20多种,其中以门神为主。从题材所表现的内容看,大致可分为五类:一是吉祥寓意类,反映了人们对美好理想的追求,如《燃灯道人》《赵公元帅》等;二是民间童话类,此类题材富于想象,生动有趣,如《老鼠娶亲》《过猴山》等;三是戏曲故事类,以戏曲人物为题材,画面造型完善,且有强烈的生活气息和地方特色,如《杨家将》《焦赞孟良》《关公》《岳飞》《钟馗》等;四是民风民俗类,多反映了社会风土民情,如《百寿图》《和气娃娃》《麒麟送子》《一团和气》《百子禧春》等;五是花鸟、祥瑞类,此类题材表现了人民群众对美好生活的祈求,如《富贵春荣》《百鸟朝凤》等。

本章小结

　　襄阳古城,作为中国历史文化名城之一,拥有着丰富的文化遗产和深厚的历史底蕴。在发展古城文旅产业的过程中,襄阳依托其独特的地理位置、历史遗迹和非物质文化遗产,打造了具有地方特色的文化旅游品牌。首先,襄阳古城的保护和修复工作是发展文旅产业的基础。通过科学规划和合理利用,对古城墙、古建筑等历史遗迹进行修复和保护,这些成为吸引游客的重要景点。同时,可以结合襄阳的历史故事和传说,开发一系列主题旅游路线,让游客在游览中感受古城的历史氛围。其次,襄阳的非物质文化遗产(非遗)是其文化魅力的重要组成部分。襄阳可以举办定期的非遗展示活动,如襄阳大鼓、襄阳花鼓戏等传统艺术表演,以及襄阳剪纸、刺绣等手工艺展示,让游客近距离体验和了解这些传统技艺。此外,还可以通过开设非遗体验工坊,让游客亲手参与制作,从而提升游客的参与感和体验感。最后,襄阳可以结合现代科技手段,如虚拟现实(VR)、增强现实(AR)等技术,创新文旅体验方式。通过这些技术,游客可以更加生动地了解襄阳的历史故事,体验古城的风土人情,从而增强旅游的趣味性和互动性。

习言习语

　　历史文化遗产是不可再生、不可替代的宝贵资源,要始终把保护放在第一位。发展旅游要以保护为前提,不能过度商业化,让旅游成为人们感悟中华文化、增强文化自信的过程。

——习近平 2020 年 5 月 11 日至 12 日在山西考察时的讲话

参考文献

[1] 襄阳市文化和旅游局.襄阳好风日最美相逢时[N].中国文化报,2023 - 10 - 19(04).

[2] 赵承智.市文化和旅游局:用经济杠杆搅活文旅消费"一池春水"[N].襄阳日报,2022 - 4 - 25(03).

文旅襄阳实践活动记载表

姓名		班级		主题	
验证资料（图片、文字、视频等）					
准备阶段					
实施阶段					
总结阶段					
襄遇有礼					

XIANG YANG

第十章

非遗襄阳

　　历史是根,文化是脉,而文化遗产是络。非物质文化遗产,是以非物质形态存在,承载着历史文化传统,又与群众紧密联系的一种不可替代、不可再生的传统文化表现形式,是历史传统与现代生活的连接点。一方面,非物质文化遗产是重要的传统文化资源;另一方面,非物质文化遗产是对传统生活方式的延续。习近平总书记强调:"要扎实做好非物质文化遗产的系统性保护,更好满足人民日益增长的精神文化需求。"①一方面,新时代我国主要矛盾已经发生了变化;另一方面,精神文明富足既是全面推进共同富裕的重要维度,也是中国式现代化的内在特征。非遗的本质是文化瑰宝,必须承担起新形势下"满足人民精神文化生活新期待"②的使命任务。

　　襄阳,这座历史悠久的城市,犹如一座隐藏着无数珍宝的宝库。在时光的雕琢下,襄阳孕育出了璀璨而多样的非物质文化遗产。这些非遗瑰宝,是先辈们智慧与创造力的结晶,是襄阳文化脉络中跳动的音符。从传统技艺到民间艺术,从特色风俗到古老歌谣,它们如繁星般点缀着襄阳的文化天空。

　　每一项非遗,都承载着襄阳人的情感与记忆,讲述着过去的故事,也展望着未来的传承。它们不仅仅是技艺的传承,更是一种精神的延续,一种连接古今的文化纽带。在这一章里,你可以领略到襄阳大头菜制作技艺的精湛,感受到传统音乐的韵律之美,品味到襄阳黄酒的醇厚与甘甜。这些非遗项目,以其独特的魅力和深厚的文化内涵,吸引着无数游客前来探寻和体验。我们将一同揭开襄阳非遗那神秘而迷人的面纱,领略其独特的魅力与价值,感受这座城市在非遗传承中所绽放的绚烂光彩,见证那些濒临失传的技艺如何在新时代重新焕发生机与活力,让非遗的光芒永远照亮襄阳的文化之路。让我们踏入"非遗襄阳"这一充满魅力与底蕴的篇章。

---

① 习近平对非物质文化遗产保护工作作出重要指示强调扎实做好非物质文化遗产的系统性保护推动中华文化更好走向世界[N].中国青年报,2022-12-13(1).
② 习近平.在深圳经济特区建立40周年庆祝大会上的讲话[N].人民日报,2020-10-15(2).

第一节　襄遇非遗之据

一、襄阳市非遗资源赋存状况

非物质文化遗产，是指各族人民世代相传，并视为其文化遗产组成部分的各种传统文化表现形式，以及与传统文化表现形式相关的实物和场所。非物质文化遗产是一个国家和民族历史文化成就的重要标志，是优秀传统文化的重要组成部分。"非物质文化遗产"与"物质文化遗产"相对，合称"文化遗产"。非遗目录是非遗保护的重要举措之一，自 2006 年以来襄阳市先后公目录 23 项。

襄阳省级非遗目录一览表

分　类	名　称	申报地	数　量
民间文学	黑暗传	保康县	2
	刘秀传说	枣阳县	
传统音乐	沮水鸣音	保康县	8
	汉江磨调	宜城市	
	老河口丝弦	老河口市	
	老河口锣鼓架子	老河口市	
	薅草锣鼓	南漳县	
	南河套曲	谷城县	
	阴锣鼓	南漳县	
	谷城火居道音乐	谷城县	
传统舞蹈	赶象	宜城市	3
	端公舞	南漳县	
传统戏剧	高跷花鼓	南漳县	2
	襄阳花鼓戏	宜城市	
	湖北大越调	谷城县	
曲艺 传统体育 传统美术 传统技艺	宜城市兰花筒	宜城市	1
	玄门太极	樊城区	1
	老河口木板年画	老河口市	1
	石花奎面制作技艺	谷城县	3
	襄阳大头菜制作技艺	襄阳区	

分 类	名 称	申报地	数 量
传统医药	枣阳酸浆面传统制作技艺	枣阳市	2
	老河口庆元堂席氏骨伤疗法	老河口市	
	邱氏医药	宜城市	
总计			23

襄阳市的非遗类型丰富,在十大类别里面都有分布。从数量上看,不同类型的非遗的数量存在较大差距,其中传统音乐、传统舞蹈和传统技艺类的非遗非常丰富,二者之和占到了总量的 60% 以上;其次是民间文学和传统美术类的非遗也很丰富;剩下的其他 5 个类别数量上相差无几。

襄阳的 23 个省级非遗目录中,仅传统音乐一个类别就占到了 8 个之多;其次,是传统舞蹈和传统技艺,各有 3 个;民间文学、传统戏剧和传统医药各有 2 个。其中,"民俗"这一类别中没有项目分布。

再从国家级目录的分布状况来看,传统音乐类占到了 4 个,传统戏剧占 2 个,民间文学和传统美术分别占 1 个。没有项目分布的类别有 6 个,分别是传统舞蹈、曲艺、传统体育、传统技艺、传统医药和民俗。

二、襄阳非遗资源的结构分析

1. 襄阳非遗结构状况统计分析

我国的非遗目录,将所有的非遗分为民间文学、传统音乐(民间音乐)、传统舞蹈(民间舞蹈)、传统戏剧、曲艺、传统体育、游艺与杂技(杂技与竞技)、传统美术(民间美术)、传统技艺(传统手工技艺)、传统医药、民俗等十个大类。

襄阳市的非遗类型丰富,在十大类别里面都有分布。从数量上看,不同类型的非遗数量存在较大差距,其中传统音乐、传统舞蹈和传统技艺类的非遗非常丰富,二者之和占到了总量的 60% 以上;其次是民间文学和传统美术类的非遗也很丰富;剩下的其他 5 个类别数量上相差无几。

襄阳非遗目录构成结构统计表

项 目	民间文学	传统音乐	传统舞蹈	传统戏剧	曲 艺	传统体育	传统美术	传统技艺	传统医药	民 俗
个数	6	19	18	3	4	3	8	14	4	4
比例(%)	7.23	22.89	21.69	3.61	4.82	3.61	9.64	16.87	4.82	4.82

表中可以看出襄阳的 23 个省级非遗目录中,仅传统音乐一个类别就占到了 8 个之多;其次,是传统舞蹈和传统技艺,各有 3 个;民间文学、传统戏剧和传统医药各有 2 个。其中,"民俗"这一类别中没有项目分布。

再从国家级目录的分布状况来看,传统音乐类占到了 4 个,传统戏剧占 2 个,民间文学和传统美术分别占 1 个。没有项目分布的类别有 6 个,分别是传统舞蹈、曲艺、传统体育、传统技艺、传统医药和民俗。

2. 襄阳非遗地域分布状况统计分析

襄阳在行政区划上分为襄阳市区(包括襄城、樊城、襄州、东津新区 4 个城区)和枣阳市、老河口市、宜城市三个县级市及南漳、保康、谷城三县。将襄阳市非遗按照空间地理分布进行分类统计,得到下表。

分 类	名 称	批 次	申报地	数 量
民间文学	黑暗传	一	保康县	6(1)
	伍子胥传说	二	谷城县	
	伍子胥传说	扩	老河口市	
	彭祖传说	四	保康县	
	卞和与和氏璧传说	四	保康县	
	刘秀传说	四	枣阳县	
	诸葛亮传说	五	襄阳市	
传统音乐	沮水呜音	一	保康县	19
	荆山阳锣鼓	一	保康县	
	汉江磨调	一	宜城市	
	什样锦	一	襄阳区	
	襄阳火炮	一	襄阳区双沟镇文化站	
	武镇闹年锣鼓	一	南漳县	
	老河口丝弦	一	老河口市	
	老河口鄅阳锣鼓	一	老河口市	
	老河口国乐锣鼓	一	老河口市	
	呜音喇叭	一	南漳县	
	紫金山歌	二	谷城县	
	石花什样锦	二	谷城县	
	南河套曲	二	谷城县	
	襄阳船工号子	二	襄阳区	
	阴锣鼓	二	南漳县	
	谷城火居道音乐	三	谷城县	
	口帮船工号子	三	老河口市	
	云雾山锣鼓	四	谷城县	
	枣阳家什	四	枣阳市	

分　类	名　　称	批　次	申报地	数　量
传统舞蹈	麒麟送子	一	宜城市	18(1)
	赶象	一	宜城市	
	老背少	一	宜城市	
	司老爷查街	一	襄阳区	
	端公舞	一	南漳县	
	东巩高跷	一	南漳县	
传统舞蹈	五鱼闹年	一	南漳县	18(1)
	杠神	一	保康县	
	板凳舞	一	老河口市	
	大头和尚戏柳翠	一	枣阳市	
	滚灯舞	二	谷城县	
	板龙舞	二	谷城县	
	冲老爷	二	谷城县	
	高公喜神	二	谷城县	
	赶骡车	二	襄阳区	
	水波浪	三	谷城县	
	跳判	三	谷城县	
	打狮子	四	谷城县,南漳县	
	抬扛子(抬县官)	扩展	老河口市	
传统戏剧	襄阳花鼓戏	一	宜城市	3(1)
	湖北大越调	三	谷城县	
	越调皮影戏	四	襄州区	
	襄阳花鼓戏	扩展	老河口市	
曲艺	保康独臂皮影	一	保康县	4
	枣阳市鹿头皮影戏	一	枣阳市	

襄阳非遗目录一览表

分　类	名　　称	批　次	申报地	数　量
传统体育	宜城市兰花筒	一	宜城市	3
	襄河道坠子	五	襄阳市	
	老河口抬妆故事	一	老河口	
	卧龙吴氏武狮	二	襄城区	

续　表

分　类	名　称	批　次	申报地	数　量
传统美术	玄门太极拳(剑)	三	樊城区	8
	老河口木板年画	一	老河口市	
	龙凤书	一	襄城区	
	保康碑刻	一	保康县	
	襄阳面塑	二	襄阳市	
	黄杨木雕	二	谷城	
	老河口木雕	二	老河口市	
	剪纸(南漳剪纸)	五	南漳县	
	老河口玉雕	五	老河口市	
传统技艺	石花奎面制作技艺	二	谷城县	14
	襄阳大头菜制作技艺	二	襄阳区	
	土纸制作技艺	二	南漳县	
	枣阳琚湾酸浆面传统制作技艺	四	枣阳市	
	陶记金刚酥制作技艺	五	樊城区	
	李氏漆器髹饰技艺	五	樊城区	
	柳氏钉秤制作技艺	五	襄州区	
	程河柳编制作技艺	五	襄州区	
	易氏青铜器修复技艺	五	宜城市	
	枣阳手工粗布纺织技艺	五	枣阳市	
	枣阳鹿头地封黄酒酿制技艺	五	枣阳市	
	马悦珍锅盔馍、杂碎汤制作技艺	五	老河口市	
	老河口双头口醋酿造技艺	五	老河口市	
	云雾山黄酒酿制技艺	五	谷城县	
传统医药	老河口庆元堂席氏骨伤疗法	三	老河口市	4
	老河口王氏中医外科疗法	三	老河口市	
	邱氏医药	三	宜城	
	七星镇痛膏制作技艺	五	襄城区	
民俗	穿天节	二	襄阳市	4
	庙会(白水寺庙会,张集三月庙会)	四	枣阳市,老河口市	
	铺床仪式	四	枣阳市	
	唐梓山庙会	五	枣阳市	
总　计				83(3)

第一，从非遗项目地域分布的广泛性来看，十大非遗类别中，只有"传统音乐"和"传统舞蹈"在襄阳市所有行政区划里都有分布，其次是传统技艺类项目数量较大、除保康外各地都有分布；"传统体育"分布范围最小，仅分布于襄阳市区和老河口两地。

第二，从非遗类别的地理集中度来看，谷城"传统音乐"和"传统舞蹈"两个类别的非遗项目较多，分别达到5项和7项之多。"民间文学"和"民俗"类项目保康和枣阳较多，均达到3项之多。"传统体育"和"传统医药"襄阳市区和老河口较多，各有2项。

第三，从各行政区划所拥有的非遗数量来看，襄阳市区、老河口、谷城和枣阳所拥有的非遗数量较多，分别达到18项、17项、17项和10项之多。其余地区则旗鼓相当，均在8(9)项左右。

襄阳非遗项目空间地理分布统计表

项　目	民间文学	传统音乐	传统舞蹈	传统戏剧	艺	传统体育	传统美术	传统技艺	传统医药	民　俗	小　计
襄阳	1	3	2	1	/	2	2	5	1	1	18
枣阳	1	1	1	/	1	/	/	3	/	3	10
宜城	/	1	3	1	1	/	/	1	1	/	8
老河口	1	4	2	1	/	1	3	2	2	1	17
南漳	/	3	4	/	/	/	1	1	/	/	9
保康	3	2	1	/	1	/	1	/	/	/	8
谷城	1	5	7	1	/	/	1	2	/	/	17
小　计	7	19	20	4	3	3	8	14	4	5	87

旅游商品与人文活动类旅游资源分类表

主　类	亚　类	基本类型
G 旅游商品 H 人文活动	GA 地方旅游商品 HA 人事记录 HB 艺术 HC 民间习俗 HD 现代节庆	GAA 菜品饮食、GAB 农林畜产品与制品、GAC 水产品与制品、GAD 中草药材及制品、GAE 传统手工产品与工艺品、GAF 日用工业品、GAG 其他物品 HAA 人物、HAB 事件 HBA 文艺团体、HBB 文学艺术作品 HCA 地方风俗与民间礼仪、HCB 民间节庆、HCC 民间演艺、HCD 民间健身活动与赛事、HCE 宗教活动、HCF 庙会与民间集会、HCG 饮食习俗、HGH 特色服饰 HDA 旅游节、HDB 文化节、HDC 商贸农事节、HDD 体育节

第一节 襄遇非遗之录

据悉,随着《襄阳市非物质文化遗产保护条例》已于 2022 年 5 月 1 日正式颁布实施,襄阳市文化和旅游局为贯彻落实"非遗条例",先后拟定了《襄阳市非物质文化遗产保护三年(2023—2025 年)行动计划》《襄阳市非物质文化遗产传承人管理认定办法》等,文件的拟定标志着我市非遗保护事业逐步走向法制化、规范化。下一步,非遗项目的保护和挖掘、传承人的管理与认定、非遗示范基地的良性发展等都将助推我市非遗保护工作持续走深走实。

一、襄阳非遗的代表

(一)老河口丝弦

老河口丝弦是一种雅俗共赏的民间音乐形式,流行于湖北省西北部汉水流域的老河口地区。据普查,老河口丝弦由河南传入湖北,是汴梁小曲的分支,至今已有 400 多年的历史。它最初是民间艺人、文士、商人及自由职业者操琴聚会、自娱自乐的一种消遣方式,后逐渐演变形成带有浓郁地方特色的乐种。至清末,老河口丝弦在当地已成规模,仅城区演奏班子就多达几十个,演奏者近千人。

老河口丝弦主要采用三种形式演奏,一是合奏,以三弦、古筝、琵琶、月琴等弹拨乐器为主;二是独奏,主奏乐器为三弦、古筝、琵琶;三是丝弦弹唱,主要演奏古曲牌。

老河口丝弦乐曲属古典曲牌，讲究对称性和规范性，每曲都有标题，音乐中以大量的正音 Do 代替偏音 Si，不少地方更以加花级进替代四度跳进，突出了 Sol、Do、Re 三个音在乐曲中的主干作用，呈现出鲜明的地域特色。老河口丝弦弹唱有 100 多个曲目，以丝弦演奏的曲牌达 50 多首。现时在老河口地区流传的曲目有《苏武思乡》《陈杏元和番》《打雁》等。老河口丝弦以传统的表现形式、优雅婉转的曲调、音韵相融的说唱艺术在曲坛独树一帜，深受当地民众喜爱。

(二) 唢呐艺术 (沮水呜音)

沮水呜音是流传于保康一带的一种民间吹打乐形式。它主要用于祭祀楚人始祖祝融 (火神) 和祭奠亡灵等场合，具有很明显的祭祀性特征，并从主要用于祭祀事神向庆典娱人方向转化，同时出现在红白喜事场合中。

演奏沮水呜音的乐队由长号、呜音喇叭、战鼓、边鼓、钩锣、包锣、马锣、引锣、镲子、木鱼、竹笛等乐器组成，呜音喇叭比普通喇叭长且厚，发音低沉郁闷。

沮水呜音的演奏程式十分规范，乐曲结构由头、腹、尾三段组成，多采用徵、羽、宫、商、清角五声音列，旋律级进舒展向上，跳进刚毅诡谲，节奏简朴稳健。曲目方面，除《靠锅》《叶叶落》两个乐曲专用于白事外，其他乐曲均可用于红事。

呜音靠艺人"嗯唱"传谱，用手指二关节摸音，讲究韵口。幽暗缥缈的呜音及用在清角和羽音上、波动幅度大而缓慢的闪音是沮水呜音中极富特色的音响，其中又以呜音最具代表性，正是这些音响使沮水呜音呈现出古朴典雅、神秘虚幻的风格。

沮水呜音是了解和研究楚文化的重要依据，在历史学、民俗学、音乐学等的研究中具有重要参考价值。

（三）唢呐艺术（鸣音喇叭）

鸣音喇叭现主要盛行于南漳县巡检镇峡口以及与保康县接壤地区，其渊源可追溯至春秋战国时期，它原为楚国宫廷音乐，后流入民间，约有传统曲牌 100 多种，被音乐史学界称为楚乐的"活化石"。

鸣音喇叭的主奏乐器有长号、喇叭、边鼓、凸锣、大钹、小镲、勾锣等。鸣音喇叭在曲牌演奏的应用上严格遵守传统程式，在不同场合演奏不同曲牌，所谓"进门不吹叶叶落，出门不吹上山坡"。其常用曲牌分喜调和悲调两类，[娶亲调][虎报头][何仙姑]等喜调用于喜事，[上山坡][叶叶落][普天落]等悲调用于丧事。鸣音喇叭的音调多为徵调式。

鸣音喇叭的乐谱，全凭历代乐师口耳相传，且传内不传外。20 世纪 80 年代，湖北的专家学者曾对鸣音喇叭进行挖掘整理。目前活跃在峡口一带的鸣音喇叭班仅存 5 个，演奏者不足 60 人，其中刘氏家庭班已传承 6 代，在与南漳接壤的荆门、远安、保康县一带颇有影响。

（四）《黑暗传》

《黑暗传》是长期流传在湖北省神农架林区、保康县及其周边地区的一部关于汉民族神话历史的叙事长诗，多以清代手抄本传世，为薅草锣鼓、丧鼓艺人演唱底本。《黑暗传》内容多源，深受儒释道影响，凡有打丧鼓、唱孝歌的民俗活动之地，就有《黑暗传》的流传。

《黑暗传》大体包括天地起源混沌黑暗，无天无地无日月，玄黄老祖收了众弟子，弟子奇妙子吞下珠宝，尸分五块为五方，珠宝化青气上升为天等一系列神奇故事，此为"先天"黑暗。到盘古分天地,请日月上天,死后化生万物,"后天"黑暗为昊天圣母,吞了三个龙蛋,生下三个儿子,三个儿子一个管天,一个管地,一个管幽冥。此间,黑水、红水、清水三番洪水滔天几万年,漫长的洪水期,有浪荡子吞天,江沽造水土,有天地藤上结一大葫芦,被洪钧老祖破开,见是一对童男童女,劝其婚配,成婚30载生下众子孙又死于洪水,后来有女娲造人,人类才开始诞生,止于三皇五帝治世。有的唱本延续到各个朝代,但其重点仍在歌唱上古神话历史。

《黑暗传》作为"孝歌""薅草锣鼓",由众多歌师在不同场合演唱,深受民众喜爱。《黑暗传》时空背景广阔,叙事结构宏大,内容古朴神奇,是一部难得的民间文学作品。自20世纪80年代中期发现以来,受到海内外学术界文化界的广泛重视。

(五)老河口木版年画

老河口木版年画主要流传于鄂西北的老河口市及豫西南一带,明末清初时,木版年画就在老河口牢牢扎根,清代乾隆至光绪年间尤为兴盛。老河口木版年画的内容大多取材于历史戏剧、演义小说、民间故事和传说,也有适应需要刻制的农历、农事谚语、书法条幅等。其寓意"喜庆吉祥""辟邪纳福"的作品有《门神》《和合二仙》《一团和气》《麒麟送子》等。还有表现历史上的英雄人物,如岳飞、郑成功、孟良、焦赞等。主要表现形式有中堂、门神、贡笺、历画、喜画等二十多种。

制作方面用料考究,一般选用硬质梨木作雕版,并且一块雕版要用两块拼制而成,以免受潮变形。在颜料选用方面,一般用红、黄、绿、紫等传统中国画颜料,也有根据画面需求自制的土颜料,这些颜料不易褪色,能长期保持画面的鲜艳。

在表现技法上突出构图饱满而层次分明,线条密实却一丝不苟,颜色丰富而对比鲜明,均衡中力求变化。

在创作方法上,运用浪漫主义手法,高度概括、高度夸张、画面饱满、形态生动、比例适当。人物面部表情生动,呼之欲出,可谓神形兼备,栩栩如生。

老河口木版年画是我国民间传统美术的优秀代表,它根植于民间,服务于大众,蕴含着深厚的民俗风情,表达了人民群众朴素的民心民意,对研究我国民间传统美术有着重要的意义和价值。

(六) 襄阳牛肉面制作技艺

早期的个体餐饮劳动者靠制作特色面点小吃维持生计,一个小店或一副面挑,5～10斤手擀面条,在家下好,冷水浸淘,叠成小窝,堆码于盒盘或笸箕内,制好汤和面臊(豆腐、海带、猪肉、鸡蛋、炸酱、牛肉等),或坐店销售,或挑担外卖。吃时取面窝1个,在炉火上经开水烫热,倒入碗中,浇上面臊和汤,即成

为不同名称的襄阳窝子面(襄阳牛肉面前身)。世代薪火相传,继承沿袭至今。改革开放后,襄阳牛肉面迎来了发展的契机,很多传承人开始创新发展,利用本土独特的气候及食材,汇集南北饮食文化精华、融合各地各派厨艺技艺,襄阳牛肉面遂以"麻、辣、鲜、香"闻名全国。

（七）襄宛皮影戏

"襄宛皮影戏"原名宛梆皮影戏，也叫南阳棒子，皮影荧幕一般高1米、宽2米。

"襄宛"皮影戏于2003年由皮影艺人郝运平传入襄城。

"襄宛皮影戏"，是一种古老独特的表演艺术，表演时要分清生、旦、净、末、丑不同唱腔，既可以唱宛梆、曲剧、豫剧、京剧、襄阳花鼓、越调，还可以唱汉剧、楚剧、晋剧和秦腔等。

襄宛皮影戏采用光、影变幻效果，将趣味性与绘画、雕刻、音乐、戏剧等相结合。襄宛皮影戏演出简便，表演领域广阔，演技细腻，活跃于城市乡镇、广大农村，广受民间的喜爱。

郝运平将这一具有地域特色的皮影戏带进襄阳并发扬光大，无疑为襄阳民间传统文化留下了浓墨重彩的一笔。

（八）心意六合拳·意拳

心意六合拳，简称"心意拳"，是中国传统武术重要拳术门派之一。据载，由武林名家周侗所创，后由其弟子岳飞传承。至明末清初，蒲东诸冯人姬际可，在终南山得《岳武穆拳谱》，深研其精华，刻苦修炼，方始大成，成为心意六合拳开山始祖。襄阳心意六合拳这一分支传第二代弟子是陕西人曹继武，第三代弟子是山西人戴龙邦，第四代弟子是河北人李洛能，第五代弟子是河北人郭云深，第六代弟子是河北人王芗斋，第七代弟子是河北人李见宇，第八代弟子是湖北襄阳人冯华山。

心意六合拳是传统健身养生术及技击术的完美结合，以六合势为基本桩步，以五行拳为基本训练手段。

　　如今,心意六合拳·意拳的健康效用更显珍贵,练拳站桩外调形正气顺,内通气血活畅,气脉柔和绵长,使人情绪调达,充满正能量,适合各类人群练习。尤其对中老年人员、上班族调节身体机能,提高工作生活质量大有裨益。

　　心意拳第八代弟子冯华山虽年逾花甲,为传承和发展心意六合拳,在湖北省襄阳市建立了心意六合拳·意拳白云人家训练基地,一直在襄阳免费收徒传艺。现传有第九代弟子多人。

（九）襄阳香包

　　襄阳香包是一种立体造型和平面刺绣兼容的纯手工艺制品,构型简单质朴,做工精细考究。

　　香包用丝绸、棉布、绣线、丝带、丝绳、棉花、香料等材料制成。采用上好的棉布和丝绸为布料,用绣线绣成各式各样的图案,再用特制香料加上棉花制作成香包。在香料配制中,崔明凡创造性地加入了中药材,如甘松、菖蒲、白芷、山奈、丁香、辛夷、薄荷等。让香包具有浓郁香味的同时,还能具有强身健体、预防疾病的功效。襄阳香包刺绣有平针绣、回针绣、轮廓绣、锁链绣、十字绣、贴布绣等。用各种颜色的布料结合不同绣法就能制作出一个个精美的香包作品。

　　随着社会的进步,崔明凡对香包制作技艺进行了改良,在香包刺绣图案上,造型百变,有人物类、植物类、动物类、花卉类等;在色彩选择上,较过去传统香包更为大胆,更符合现代人的审美。

（十）昭明李记红糖饼

饼，《说文解字》注解为"饼，面糍之，从食，并声"。《现代汉语词典》则解释为"扁圆形的面制食品；像饼的东西"。我国面点小吃的历史可上溯到新石器时代，当时已有石磨，可加工面粉，做成粉状食品。

在北方传统民俗中，腊月二十三，俗称"小年"（北方地区是腊月二十三，部分南方地区是腊月二十四），是中国传统文化民间祭灶、扫尘、吃灶糖的日子。祭灶这天除吃灶糖之外，火烧也是很有特色的节令食品。用面粉加红糖烙烤而成的灶锅烙、芝麻酱糖火烧，供不应求，民间取其谐音，预示来年日子红红火火。

而红糖的药用价值，在从古至今的医书中已有大量描述，简单地将其总结如下：① 驱寒用途。主要用于驱除感冒、咳嗽、寒征。② 妇科用途。主要用于妇科月经不调、不孕不育等症。③ 排毒用途。主要用于解酒、消除疮疖等症。

由于各地餐饮习惯的不同，红糖饼的做法也有明显区别。昭明李记制作的红糖饼，经过传统老面发酵，把发好的面揪成 2 两重的面团，按扁，包上掺好的红糖馅儿，用手掌压成饼，贴上芝麻，再用擀面棍杖擀薄饼，红糖饼的雏形就做好了。接下来烤制，将擀好的红糖饼放在炉子上烙制，饼子会慢慢膨胀起来，继续烙至定型，再放进烤炉，两三分钟后饼外壳焦黄。祖传的红糖饼的烤制关键看火候，火太大会把饼烙煳，火太小烙不熟。用纯正红糖拌干面粉做馅，糖在加温后变稀，不会太甜，也更加健康。烤好的红糖饼是空心的，红糖均匀的贴在内壁上，散发出面和红糖特有的香味，吃到嘴里香脆甜，老少皆宜。

二、襄阳非遗传承示范基地

为贯彻落实《襄阳市非物质文化遗产保护案例》，依据《襄阳市非物质文化遗产传承市范基地评选与管理办法》相关规定，襄阳市文化和旅游局开展了第二批市级非遗传承示范基地的评审认定工作。经各县（市、区）推荐、材料审核、实地考察、专家评审等工作程序，评定 10 个基地为第二批襄阳市级非遗传承示范基地，现将名单公示如下表。

序　号	基地名称	申报单位
1	火石观村柳编工坊	襄阳市非物质文化遗产保护发展促进会
2	襄阳香包非遗传习所	襄城区文化馆
3	襄样漆艺展示馆	湖北三国源非物质文化传播有限公司
4	紫云轩胎毛画艺术馆	樊城区十二工坊胎毛画艺术馆
5	皮影戏博物馆	襄阳市大越调皮影戏团
6	传统葛根粉制作技艺生产性保护基地	保康县文化馆
7	尧治河古法酿酒技艺传承示范基地	保康县文化馆
8	晒紫金茯茶制作技艺传承示范基地	湖北汉家刘氏茶业股份有限公司
9	枣阳酸浆面制作技艺非遗传习所	枣阳市国浆食品有限公司
10	襄阳华侨城奇幻度假区奇妙镇	襄阳华侨城文旅发展有限公司

（一）火石观村柳编工坊

火石观村柳编工坊位于南漳县薛坪镇火石观村，该工坊使用面积 1600 平方米，设有 1 个展示厅、8 个技能培训室、1 个集中编制室、1 个柳条仓库、1 个扶贫工作间、1 个直播间、1 块平整晾晒场地。柳编工坊目前每周对外开放 7 天，每日开放 8 小时，共 56 小时。柳编工坊自运营以来，开办柳编扶贫专项培训班 7 期，每期参与脱贫户村民达 50 人，共 32 人顺利结业，种植柳条近 20 亩。柳条年产值预计可达 6 万元，柳编产品由村民自行编织，工坊负责回收。

（二）襄阳香包非遗传习所

襄阳香包非遗传习所是 2022 年建立的襄阳香包非遗传承基地，位于马王庙社区居委会，馆内设有非遗展示台，用于非遗产品的展示和销售，并在馆内投入声光等设备进行非遗宣传展示，供游客及居民观赏和体验。传承人崔明凡在基地内开设了非遗公益课堂，常年免费教授学员学习香包制作技艺，目前已建立了十几人的传承队伍，对非遗发展起到了良好的传承作用。

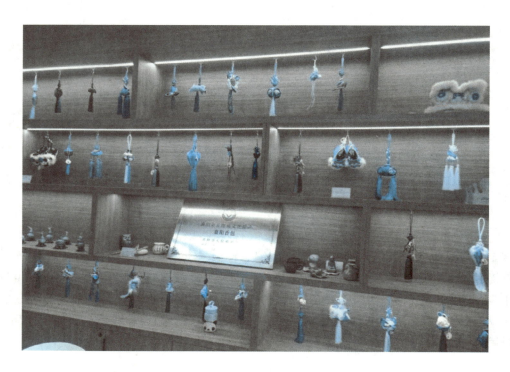

（三）襄样漆艺展示馆

樊城区市级非遗项目李氏漆器髹饰技艺多年来致力于传统技艺的挖掘、传播、推广工作，为进一步弘扬优秀传统文化，在传承人李庆山的指导下，其弟子隗鹏以"小江西会馆"为依托，打造了集研学、传承、展示、传播于一体的"襄样漆艺（匾牌）博物馆"。展示馆建成以来，累计参与学习制作漆器受众在 1 500 人左右。基地先后挂牌湖北文理学院大学生社会实践基地、湖北文理学院理工学院艺术设计系社会实践基地和襄城区残疾人联合会非遗创业实训基地，先后在湖北文理学院和古隆中景区武侯祠设立研究中心和传习点。

（四）紫云轩胎毛画艺术馆

汤氏胎毛笔（画）制作技艺于 1937 年在樊城磁器街落地生根，经三代传承发展，不断完善提升。1994 年在樊城区解放西路 19 号成立紫云轩胎毛笔和胎毛画专营门店，并广收学徒，传播胎毛笔和胎毛画制作技术。为传承和弘扬这一传统技艺，第三代传承人汤贵春于 2018 年陆续投入资金 2000 万元，在樊城区人民西路打造了集生产、展示、传承、传播于一体的紫云轩胎毛画艺术馆，实现了对传统技艺的全流程展示。艺术馆正持续不断创新产品款式，进一步提升项目知名度和影响力。

（五）皮影戏博物馆

　　大越调皮影戏博物馆位于襄州区古驿镇外沟村，是一个培训、演出、参观一体化基地，基地设施齐全。基地自 2020 年建立以来，学员遍及祖国各地。基地成立以来邀请知名非遗传承人组成教师团队，形成包括通识课、专业课、实训课、考察交流、展示展演等在内的教学体系，帮助传承人群提高文化艺术素养、审美能力、创新能力，使皮影艺术走进现代生活，促进传统文化的振兴。

（六）传统葛根粉制作技艺生产性保护基地

保康县过渡湾镇传统葛根粉制作技艺生产性保护基地是传统葛根粉制作技艺项目的传承和发展的坚实载体,非遗传承示范基地秉持创新性传承发展理念,开展一系列原创展览、传承培训活动,结合地方特色努力开发系列文创产品,打造文化旅游品牌,促进传统葛根粉制作技艺项目的活态传承。基地每年配合省、市、县各级调研采风20多次,接待各大院校学生社会实践研学20多次,人数达1600多人。自基地建立以来,每年参加上级部门组织的非遗宣传展演10余场次,传承徒弟40多人。

第二节　襄遇非遗之值

一、认知教育价值

非遗的认知教育价值主要体现在两个方面:一是知识和事实层面的"实然"教育;二是伦理和道德方面的"应然"教育。非遗作为一种文化存在,首先是一种事实的存在,表现为一个知识系统,可以作为生动的教育资源,帮助人们了解传统文化,培养文化素养和对文化多样性的尊重。穿天节是湖北襄阳特有的节日和习俗,时间为每年农历正月二十一,地点在汉江襄阳市区段。穿天节起源于襄阳解佩渚,起源传说有多种说法。其中一种说法是,据西汉刘向《列仙传》记载,周朝人郑交甫在汉江遇二神女,不知其为神人,上前请求她们解佩相赠,神女将佩珠赠给了他。郑交甫离开后,发现佩珠不见了,而神女也消失了。这个故事充满了神秘和浪漫色彩。

在这一天，襄阳人会按照沿汉江捡拾、佩戴穿天石等习俗来表达对美好爱情与幸福生活的追求。穿天石是一种乳白色的小石头，上面有天然形成穿透石头的孔窍。此外，还有一些其他的活动，如倾城出动、泛绿舟、妇女们在滩中求小白石等。

襄阳穿天节具有丰富的文化内涵和历史价值，它不仅是襄阳人民的传统节日，也是中华民族文化的重要组成部分。这个节日体现了襄阳人民对美好生活的向往和追求，同时也传承了中华民族的优秀传统文化。如今，襄阳穿天节已经成为一个盛大的民俗节日，吸引了众多游客和市民的参与。人们在这个节日里，不仅可以感受到传统文化的魅力，还可以增进彼此之间的感情，促进社会和谐。

二、历史文化价值

非遗以活态的形式展现了不同历史时期的生产生活方式、社会风貌、思想观念等，是一部生动的"活历史"。它承载着一个民族或群体特有的文化特质、精神内涵和思维方式，使优秀的文化传统得以延续。它反映了人类文明发展过程中的智慧结晶和创造能力，见证了人类文化从低级向高级的发展历程。它是民族文化的重要组成部分，能强化人们对本民族、本地区文化的认同和归属感，增强民族凝聚力。

以襄阳花鼓戏为例，它具有浓厚的地方特色和历史痕迹。襄阳花鼓戏反映了襄阳地区不同历史时期的社会生活、风俗习惯和人们的情感世界，通过其表演形式、唱腔、曲目等，让人们可以了解到过去襄阳人民的劳作、节庆、情感表达等方面，展现了襄阳历史文化的独特风貌，是襄阳历史文化的生动体现和传承载体。再如老河口木版年画，它起源于历史上的雕版印刷技术，传承多年。其题材涵盖民间传说、历史故事、戏曲人物等，从这些年画中能看到襄阳地区在历史上的审美偏好、信仰追求以及社会百态，是研究襄阳乃至中国历史文化变迁的重要实物资料，见证了襄阳地区长期以来的文化发展历程。

三、审美怀旧价值

非遗往往蕴含着一种古朴、醇厚的审美特质。襄阳花鼓戏是非遗项目之一，它具有独特的唱腔、表演风格和舞台呈现，体现出传统戏曲艺术的魅力，让人们感受到一种古典而质朴的审美韵味，勾起人们对过去戏曲繁荣时代的怀念。还有像老河口木版年画，其精美的线条、鲜艳的色彩、生动的形象，不仅具有艺术美感，还能让人回想起过去民间张贴年画的喜庆氛围和传统习俗，引发人们对旧时光的怀旧之情。

比如襄阳火炮乐，其热闹的节奏、独特的演奏方式，不仅具有强烈的听觉审美冲击，也会让人们怀念起过去在各种节庆活动中它所营造出的欢乐氛围。那是一种对过去热闹场景、淳朴生活的怀念和向往。还有像襄阳民间舞蹈等，其独特的动作、服饰、韵律等，展现出一种充满地域特色和历史韵味的审美风格，能让人在欣赏中追忆起曾经这些舞蹈活跃于民间的画面，体会到过去岁月中人们对美的追求和表达，这种审美体验与怀旧情感相互交织，是非遗所带来的独特价值。它让人们在当下仍能触摸到过去的美好，从审美维度连接起过去与现在。

四、情感认同价值

非遗承载着一个民族、地区群体共同的历史记忆、文化基因和情感寄托。许多非遗项目与人们的日常生活紧密相关，比如传统的手工艺、民间故事、民俗活动等。它们能唤起人们内心深处对家乡、对族群的热爱和眷恋之情。当人们参与或接触到这些非遗时，会油然而生一种亲切感和归属感，仿佛找到了自己在文化传承链条中的位置。而且，非遗能够跨越时空，让人们与祖先、与过去的人们产生情感上的连接，体会到一脉相承的文化力量，从而增强对自身文化身份的确认和珍惜，这种情感认同价值对于维护文化多样性、促进社会和谐稳定都具有不可替代的重要意义。

襄阳花鼓戏，它那熟悉的旋律和表演形式，能让襄阳人民产生强烈的情感共鸣。当人们观看花鼓戏表演时，内心会涌起对家乡文化的自豪与热爱，唤起对这片土地的深深眷恋，增强了对家乡的认同感和归属感。老河口木版年画中蕴含着襄阳人民对美好生活的期盼和对传统吉祥寓意的追求，看到这些年画，人们会回忆起小时候家中张贴年画的温馨场景，产生对家乡传统习俗的怀念和认同，仿佛找到了情感的根。还有襄阳大头菜制作技艺，这不仅是一种美食的传承，更代表着襄阳人的生活智慧和勤劳品质。品尝大头菜时，人们会联想到先辈们制作和享用它的情景，增进对家乡饮食文化的情感认同，体会到自己与先辈们之间的紧密联系。

襄阳的非遗项目就像情感的纽带，将一代又一代的襄阳人紧密相连，让他们在这些独特的文化表现中找到共同的情感寄托和认同基础。

五、游憩体验价值

非遗具有丰富多样的表现形式，能为人们带来独特而难忘的游憩体验。在襄阳，游客可以亲自尝试学习传统民间技艺（如剪纸、刺绣等），在动手的过程中感受传统文化的细腻与精巧，创造出属于自己的作品，从中获得满足感和成就感。游客可以参观襄阳大头菜的制作工坊，了解其腌制的传统流程，甚至可以尝试参与一些环节，感受从原材料到成品的过程，体会劳动的乐趣和收获的喜悦，这也是一种特别的游憩感受。传统的手工编织、陶艺制作等非遗项目，让人们有机会沉浸在手工创作的世界里，远离喧嚣，享受宁静而专注的时光。游客可以参与到老河口木版年画的制作过程中，亲手进行印制等操作，了解其工艺技巧，在动手的过程中体会这种传统技艺的精妙，同时也能带走自己制作的年画作为纪念，这给游客带来了极具文化内涵的游憩体验。观看古老的传统戏剧表演，人们可以坐在台下，沉浸在精彩的剧情和表演中，体验别样的文化之旅。例如，游客可以前往剧院或特定表演场所观看襄阳花鼓戏的精彩演出，沉浸在独特的唱腔、生动的表演和浓郁的地方风情中，获得独特的视听体验，仿佛穿越回过去，感受传统戏曲文化的魅力。

总之，非遗为人们的游憩活动提供了充满文化内涵、极具魅力的选择，让人们在游玩中深入了解和感受传统文化的独特价值。这些非遗项目为游客提供了丰富多彩、别具特色的游憩体验，让人们更好地领略襄阳的文化底蕴。

本章小结

　　传承经典，守护非遗；示范基地，价值永恒。在襄阳这片土地上，众多非遗典型如璀璨星辰般闪耀，无论是那精美绝伦的传统技艺，还是韵味悠长的民间艺术，都承载着襄阳人的智慧与情感。

　　在探索非遗襄阳的旅程中，我们被那些独特的非遗文化深深吸引，它们如同历史长河中璀璨的明珠，闪耀着智慧与技艺的光芒。襄阳的非遗文化，不仅代表着这座城市深厚的文化底蕴，更是中华民族宝贵的文化财富。

　　非遗襄阳的典型项目众多，每一项都承载着一段独特的历史和技艺。从襄阳大头菜制作技艺中，我们品味到传统食品制作的匠心独运；从襄阳民间绣活中，我们领略到传统手工艺的精妙绝伦。这些非遗项目不仅让我们感受到传统文化的魅力，更让我们对匠人精神心生敬意。

　　为了更好地传承和弘扬非遗文化，襄阳建立了多个非遗示范基地。这些基地不仅为非遗传承人提供了展示技艺、传授经验的平台，更为广大市民和游客提供了了解和学习非遗文化的机会。在示范基地中，我们可以亲眼看见非遗传承人精湛的技艺，亲手体验非遗项目的制作过程，感受那份传统与现代的交融。

　　非遗传承的价值远超想象，它不仅是历史的见证，更是连接过去与未来的文化桥梁。它让我们在现代社会中依然能触摸到先辈的智慧与温度，让我们的文化根脉得以延续。通过非遗，我们找到归属感与认同感，它让襄阳的文化特质更加鲜明而独特。同时，非遗文化也为我们提供了无限的创意灵感，激发我们在现代社会中创造更多具有文化内涵和艺术价值的作品。

　　让我们共同守护这些珍贵的非遗财富，让它们在传承中不断绽放新的光彩。在传承人的坚守和社会的共同努力下，让非遗襄阳成为永远的文化瑰宝，激励着我们不断前行，让这份独特的文化魅力在时间的长河中永不褪色，为襄阳的发展注入源源不断的文化动力，为后人留下弥足珍贵的精神财富。

习言习语

　　要扎实做好非物质文化遗产的系统性保护，更好满足人民日益增长的精神文化需求，推进文化自信自强。要推动中华优秀传统文化创造性转化、创新性发展，不断增强中华民族凝聚力和中华文化影响力，深化文明交流互鉴，讲好中华优秀传统文化故事，推动中华文化更好走向世界。

——2021年9月13日至14日，习近平在陕西省榆林市考察时提出

参考文献

［1］陈仁铭.襄阳非物质文化遗产保护和开发的调查与思考［J］.湖北文理学院学报,2023,44(12):21-25.

［2］陈文俊,陈芃达.襄阳都市圈民俗文化旅游发展路径研究——以襄阳为例［J］.襄阳职业技术学院学报,2023,22(02):12-16+68.

［3］周玄德,邓祖涛,张浩.非物质文化遗产空间分布及旅游开发模式——以湖北省为例［J］.湖北经济学院学报,2023,21(03):120-128.

［4］陈晓敏.智媒时代襄阳非物质文化遗产保护与传播研究［J］.西部广播电视,2023,44(01):62-64.

［5］朱运海,梅丽,陈海艳.襄阳非物质文化遗产文化旅游资源的结构、价值和开发对策［J］.襄阳职业技术学院学报,2016,15(01):7-15+35.

［6］康玲.襄阳市美丽乡村建设与非物质文化遗产保护研究［J］.农村经济与科技,2017,28(09):250-251.

非遗襄阳实践活动记载表

姓名		班级		主题	
验证资料（图片、文字、视频等）					
准备阶段					
实施阶段					
总结阶段					
襄遇有礼					

共"襄"盛世 一生"襄"伴

此刻到站：襄阳！
米芾墨洒汉江归老巷
点一盏灯，满城春色附酒香
怎么会有人不爱襄阳？
难道你不知道，赞美它
是连孟浩然都喜欢追逐的时尚

汉江之南，砚山以北，古籍里的负阴抱阳
还有城墙上佳人的纸短情长
战歌里的透昏黄
每一韵都是襄阳城的缱绻回响

阔别了千年的人间烟火
被我在老街里找回
糯唧唧的糖豆花裹着焦圈的咸香
街角那家人头攒动的店
只为沾染这一碗牛肉面的时光

沧海茫茫
回眸一笑
愁人知夜长
原来"桨声灯影"不是渲染修饰
只是白描的词，江湖的痒

这一站，
"城"不欺我，恨晚见"襄"。

【襄和你在一起】襄阳的"科技与狠活"

襄阳街头有可以充电的智慧灯杆、长椅

襄阳的公园里投用了机器人

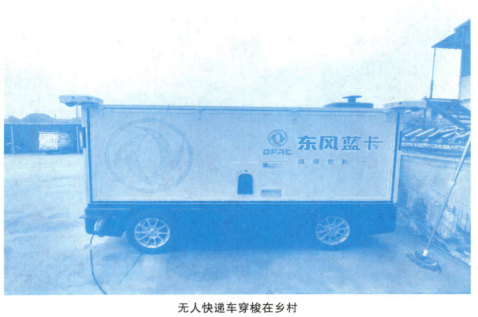

无人快递车穿梭在乡村
市区首现快递"无人"送

"智慧"的路上跑着"聪明"的车
城区 400 多个交通路口经过智能化改造

73 米高！3.2 万吨重！
襄阳这座世界级大桥在空中转了 77°
（襄阳北编组站大桥是世界首座齿轮齿轨式转体斜拉桥。全媒体记者　谢勇　摄）

"千里汉江第一隧"鱼梁洲隧道
创造了多项建设奇迹

街上跑着襄阳造的新能源乘用车

你开的绿牌车电池
来自比亚迪襄阳产业园
（全媒体记者　乔森垚　摄）

你在百慕大也能看到襄阳造的充电桩

襄阳造的椅子"满天飞"
（国产大飞机 C919 座椅，襄阳造）

国之重器"昆仑号"桥上潇洒转身

中老铁路、雅万高铁的建设都用上"襄阳造"

从"神一"到"神十八""襄阳造"多次飞往太空
越来越多的"襄阳造"影响世界

【襄和你在一起】襄阳话测试题

一、选择题（每题 5 分，共 30 分）

1."撅人"是指（　　）。

A. 骂人　　　　　　　B. 打人　　　　　　C. 骗人

2."咋番儿"是指（　　）。

A. 怎么了　　　　　　B. 干什么　　　　　C. 什么时候

3."日白扯"是指（　　）。

A. 说谎　　　　　　　B. 聊天　　　　　　C. 玩耍

4."包谷"是指（　　）。

A. 高粱　　　　　　　B. 玉米　　　　　　C. 水稻

5."麻分子"是指（　　）。

A. 细雨　　　　　　　B. 中雨　　　　　　C. 大雨

6."冇得"是指（　　）。

A. 没有　　　　　　　B. 有的　　　　　　C. 很多

二、填空题（每题 5 分，共 30 分）

1.襄阳话说"膝盖"是_____。

2."我要克买衣裳"中"克"的意思是_____。

3."你蛮拐"的意思是_____。

4."列哈儿"表示_____。

5."搓一顿"意思是_____。

6."灶屋"是指_____。

三、判断题（每题 5 分，共 20 分）

1."老巴子"在襄阳话里是对老人不尊重的称呼。　　　　　（　　）

2."蛮扎实"表示很差劲。　　　　　　　　　　　　　　（　　）

3."克球了"表示事情办砸了。　　　　　　　　　　　　（　　）

4."扯皮拉筋"指纠缠不清。　　　　　　　　　　　　　（　　）

四、翻译题（每题 10 分，共 20 分）

1."你等哈儿，我马上就来。"

2."这个伢子好灵性啊。"

【襄和你在一起】"与你襄遇"测试题

一、选择题（每题 5 分，共 25 分）

1. 下列历史人物中，属于襄阳籍的是（　　）。

A. 诸葛亮　　　　　B. 孟浩然　　　　　C. 米芾　　　　　D. 以上都是

2. 襄阳是三国文化的重要发源地，以下与襄阳有关的三国故事是（　　）。

A. 三顾茅庐　　　　B. 水淹七军　　　　C. 刮骨疗毒　　　　D. 以上都是

3. 孟浩然是唐代著名的山水田园诗人，他的代表作有（　　）。

A.《春晓》　　　　B.《过故人庄》　　　　C.《宿建德江》　　　　D. 以上都是

4. 米芾是北宋著名的书法家、画家，他的书法风格独特，被称为（　　）。

A. 米体　　　　　B. 芾体　　　　　C. 襄阳体　　　　　D. 以上都不是

5. 以下关于襄阳的说法，正确的是（　　）。

A. 襄阳是湖北省的一个地级市　　　　　　B. 襄阳是国家历史文化名城

C. 襄阳是中国优秀旅游城市　　　　　　　D. 以上都是

二、填空题（每题 5 分，共 25 分）

1. 襄阳因地处襄水之阳而得名，汉水穿城而过，＿＿＿＿＿、＿＿＿＿＿、＿＿＿＿＿三大水系在襄阳交汇。

2. 襄阳古城墙是我国保存最完整的古城墙之一，它始建于＿＿＿＿＿，周长＿＿＿＿＿米，高＿＿＿＿＿米。

3. 隆中风景区是襄阳的著名景点，因诸葛亮在此隐居而闻名，景区内有＿＿＿＿＿、＿＿＿＿＿、＿＿＿＿＿等景点。

4. 襄阳的传统美食有＿＿＿＿＿、＿＿＿＿＿、＿＿＿＿＿等。

5. 襄阳的产业优势有＿＿＿＿＿、＿＿＿＿＿、＿＿＿＿＿等。

三、简答题（每题 10 分，共 20 分）

1. 请简要介绍一位你心目中的襄阳英雄，并说明理由。

2. 襄阳是一座历史文化名城，请列举三个襄阳的历史文化遗迹。

四、论述题（每题 15 分，共 30 分）

1. 请论述襄阳在中国历史上的重要地位和作用。

2. 请结合实际谈谈你对襄阳未来发展的期望和建议。

参考文献

［1］何法，龙雨萍.襄阳红色文化资源当代价值及开发利用研究［J］.市场周刊，2023，36(11):81-84.

［2］毛运海.襄阳红色文化内涵及价值取向探析［J］.襄阳职业技术学院学报，2019，18(01):11-14.

［3］林健强，徐乔丽，廖韦迪，等.鄂豫陕革命老区红色文化保护和利用——以鄂西北地区红色文化为例［J］.中国民族博览，2023，(19):167-169.

［4］杨素贤.三线建设对襄阳城市形态的影响及其工业遗产保护研究［D］.武汉:华中科技大学，2022.DOI:10.27157/d.cnki.ghzku.2022.005023.

［5］襄阳市中小学教师继续教育中心:培育"襄派教育家"促进教育高质量发展［J］.湖北教育(政务宣传)，2021，(12):81.

［6］襄阳市:"六个坚持"推动教育高质量发展［J］.湖北教育(政务宣传)，2024，(02):11.

［7］余海鹏，杜汉华.襄阳"龙头旅游景观城市"建设研究［J］.湖北文理学院学报，2020(01):20-25.

［8］周伟恩，陈海艳，朱运海.襄阳楚文化旅游资源赋存及其旅游开发研究［J］.湖经济研究导刊，2019(32):93-95.

［9］李利林，熊程，曾兆坤.全域旅游背景下"襄阳旅游城"共建路径探究［J］.湖旅游纵览，2024(02):128-130.

［10］陈文俊，陈芃达.襄阳都市圈民俗文化旅游发展路径研究［J］.襄阳职业技术学院学报，2023(02):12-16.

［11］黄文静，朱运海.基于"一城两文化"视角的襄阳城市名片旅游化利用问题研究［J］.襄阳职业技术学院学报，2020(01):10-14.

［12］李志刚.襄阳好风日 侠义客盈门［N］.中国旅游报，2023-12-06(02).

［13］张东慧，代希，郭菲.基于需求层次理论下的城市文化产业发展研究——以湖北省襄阳市唐城影视基地为例［J］.文化创新比较研究，2019(24):157-158.

［14］陈文俊，彭澎.襄阳北街民俗文化商业街区建设模式与方法思考［J］.襄阳职业技术

学院学报,2018(04):5-9.

[15] 林聪.文旅商业项目全过程设计中对建筑师角色的思考——以襄阳华侨城文旅度假示范区奇妙小镇为例[J].城市建筑空间,2022(09):209-211.

[16] 许紫嫣.襄阳习家池园林历史演变及文化特色研究[D].西安:西安建筑科技大学,2017.

[17] 万永春.湖北襄阳将诗词文化融入城市生活[N].中国文化报,2023-12-25(02).

[18] 王玉玺,齐然然.亭台楼阁传承千年文脉 诗词歌赋齐诵"襄阳好风日"[N].襄阳日报,2024-5-22(06).